Un viaje por la consciencia cósmica

Wes Jamroz

Troubadour Publications

Título original: *A Journey through Cosmic Consciousness*
© De la traducción: *Carmen Liaño y Fernando Alvarez-Ude*
Diseño portada: *Sandra Viscuso* (sandraviscuso.com)

Copyright © 2020 by Troubadour Publications. All rights reserved.

Todos los derechos reservados.
Esta publicación no puede ser reproducida, ni en todo ni en parte, ni registrada en o transmitida por, un Sistema de recuperación de información, en ninguna forma ni por ningún medio, sea mecánico, fotoquímico, electrónico, magnético, electroóptico, por fotocopia, o cualquier otro, sin el permiso previo por escrito de la editorial.

Montreal, QC, Canada

TroubadourPubs@aol.com
http://www.troubadourpublications

ISBN: 978-1-928060-13-0

Nota sobre los textos citados

Las citas bíblicas son de *The Holy Bible* (Chancellor Press, Londres, 1981).

Las citas de *The Gospel of Thomas* son de una edición revisada y actualizada de Marvin Meyer (Harper One, Nueva York, 1992).

Las citas coránicas son de *The Holy Qu'ran*, traducido por Abdullah Yusuf Ali (Wordsworth Editions Limited, Ware, Hertfordshire, 2000).

Los extractos del *Mathnawi* de Rumi son adaptaciones del autor de la traducción de Reynold A. Nicholson, *The Mathnawi of Jalaluddin Rumi* (E.J. W. Gibb Memorial, Cambridge, 1960).

Las citas de las obras de teatro y sonetos de Shakespeare son de *The Riverside Shakespeare - Second Edition* (Houghton Mifflin Company, Boston, 1997). La puntuación de las citas de las obras de teatro se ha ajustado de acuerdo con la versión original de *The First Folio of Shakespeare* (W.W. Norton & Company, Nueva York, 1996).

Índice

Observador, observado y el acto de observar 9
La esencia de la belleza 19
Un tesoro escondido 23
El macrocosmos 27
El punto 37
El oscilador cósmico 49
La manifestación de los símbolos 65
La mente humana 71
El Hombre Perfecto 105
El descenso del alma 133
Destino 145
Muerte y renacimiento 157
El cosmos dinámico 165
¿Por qué estamos aquí? 189

8

Observador, observado y el acto de observar

Hay dos modos de obtener conocimiento: a través de la argumentación y a través de la experiencia. La argumentación proporciona conclusiones y nos compele a admitirlas, pero no genera certeza ni despeja dudas para que la mente pueda descansar en la verdad, a no ser que la procure la experiencia.
(Roger Bacon)

Recientemente, el tema de la consciencia se ha convertido en parte de la ciencia. Se ha sugerido que la consciencia es más fundamental que cualquier fenómeno físico conocido.

Gracias al desarrollo de la teoría cuántica, se ha avanzado en el conocimiento de la consciencia. En dicha teoría la naturaleza de la consciencia se trata como un fenómeno de campo, análogo al campo cuántico. Por consiguiente, este campo se caracteriza por los principios generales descritos por la física cuántica, los cuales indican que, en el mundo físico, todo está conectado en cierto modo. La interconexión de todo queda claramente demostrada por las interacciones no locales del universo cuántico, en el que los objetos parecen conocer instantáneamente el estado del otro, aunque se hallen separados por enormes distancias.

La teoría cuántica indica que los objetos son superposiciones de entidades cuya estructura subyacente es de tipo onda y, por tanto, pueden representarse mediante una función de onda. La función de onda de un sistema se colapsa cuando es observada, es decir, la onda se transforma en un objeto. En consecuencia, la teoría cuántica atribuye un papel fundamental al acto de observación. Esta teoría abre la puerta a una nueva visión del universo, en la que el observador, lo observado y el acto de observar están vinculados.[1] El hecho de que la función de onda de un sistema se colapse al ser observada indica que hay una interacción entre la consciencia y la materia. Esta característica condujo a la creencia de que la consciencia y la materia son dos aspectos complementarios de una realidad.

Lo que significaría que la consciencia constituye un campo cuántico primordial que se compone, entre otras cosas, de un conjunto de ideas y conceptos capaces de transformarse en sustancia. La sustancia se manifiesta como el universo y la raza humana. Los humanos, mediante su esfuerzo, son capaces de llevar a cabo la función de observador consciente y su acto de observación produce el colapso y la localización del campo de consciencia. La localización lleva a la aparición de la materia. La humanidad es el producto más elevado de la materia. Los humanos poseen una autoconsciencia que les permite contemplar sus propios orígenes, y esta contemplación conduce a un crecimiento de la consciencia. De este modo *parece* que el bucle de esta autoconsistencia está cerrado.

Es más, se supone que la consciencia es primaria en el universo. Se la considera la fuente de la realidad, una realidad autoeficiente, capaz de engendrar sistemas complejos en las micro y macro magnitudes, autorregulada y holística. Nada puede existir fuera de su influencia y, en última instancia, debe estar presente dentro del universo. Con relación a este aspecto, según la ciencia, el papel de la consciencia es diferen-

---

[1] *How Consciousness Becomes the Physical Universe*, M. Kafos *et al.*, (incluido en *Consciousness Became the Universe, 2nd edition,* Science Publishers, Middletown, DE, 2017, pág. 6).

te al de un observador: es el papel que las religiones convencionales asignan a Dios o los dioses.²

Por otra parte, nuestra sensación de realidad es diferente de los modelos matemáticos propuestos por la teoría cuántica ya que nuestras experiencias cotidianas se perciben como locales y clásicas. Por tanto, se ha sugerido que esta diferencia en cuanto a la naturaleza de la realidad percibida se debe al principio de no-localidad velada,³ que permite que la consciencia opere y presente lo que experimentamos como realidad objetiva y local. Velar la realidad está en consonancia con la idea de la mente construyendo su realidad. Tal velo también sucede en el proceso científico, que filtra y descarta una enorme proporción de la experiencia humana: casi todo lo que podría calificarse de subjetivo.

Por lo que concierne al cerebro, hay un filtro neural en todos los modelos, ya sean científicos, artísticos, psicóticos o religiosos. El cerebro es un procesador de inputs, no un espejo de la realidad. Opera en el tiempo y el espacio, y tiene pensamientos lineales que son el resultado de un proceso selectivo de filtración. Así pues, lo que se halla fuera del tiempo y el espacio es inconcebible, y la realidad sin filtrar probablemente fundiría los circuitos del cerebro, o bien este la suprimiría.⁴

A pesar de esta explicación, los temas relativos a la consciencia todavía son el problema más difícil para la ciencia. Sigue habiendo muchas cuestiones que deben abordarse y respuestas que parecen estar fuera del alcance de los modelos

---

² Ibid.
³ *Perceived Reality, Quantum Mechanics, and Consciousness*, S. Kak *et al.*, (incluido en *Consciousness Became the Universe, 2nd edition*, Science Publishers, Middletown, DE, 2017, pág. 16).
⁴ Ibid.

científicos conocidos. No obstante, se espera que los esfuerzos combinados de la física cuántica, la biología, la cosmología y la neurociencia permitan determinar en términos científicos el papel que desempeña la consciencia en el universo.

Hay otro enfoque que puede acelerar considerablemente el desarrollo de nuestra comprensión de la consciencia y su función en el universo y en la vida humana. Pero antes examinemos el marco en el que opera la ciencia moderna.

Al contrario de lo que se suele aceptar, la ciencia se basa en creencias. El motor principal de la ciencia es la creencia en que la intervención externa no es necesaria. En consecuencia, los esfuerzos científicos se centran ahora en una teoría según la cual el universo sería totalmente autónomo, sin límites ni bordes y no tendría principio ni fin. No sería necesario un creador. Es decir, la ciencia aspira a des-crear la fuente de la creación.

La ciencia cree que el universo y la vida humana se pueden explicar mediante una única teoría basada en las matemáticas avanzadas. Es más, se cree que el modelo matemático final debe ser estéticamente satisfactorio. Por eso los modelos y teorías se proponen inicialmente por razones estéticas. Resulta interesante que un aspecto de la belleza juegue un papel tan importante en la ciencia. De alguna manera, la simplicidad de las fórmulas matemáticas que contienen una increíble riqueza intelectual es muy atractiva; como una obra de arte profunda. Las ecuaciones de Maxwell, formuladas en el siglo XIX, son un buen ejemplo de ese arte:

$$\Box E = 0$$
$$\Box B = 0$$

Estos pocos símbolos como garabatos contienen todo el conocimiento del electromagnetismo clásico. Ninguna pintura o escultura podría expresar la profundidad de abundancia intelectual contenida en estos símbolos gráficos. Por supuesto, habría que aprender su significado y familiarizarse con sus normas operativas para apreciar plenamente el conocimiento «secreto» que ocultan. Para quien no esté al tanto de este arte, estos garabatos carecen de sentido y de importancia.

Antes de proponer un modelo estéticamente grato, los científicos hacen una serie de suposiciones y aproximaciones, que luego se ajustan para que encajen con un conjunto de datos experimentales disponibles. Estos modelos suelen durar un tiempo hasta que el desarrollo de instrumentos cada vez más precisos proporciona nuevos datos. Entonces los modelos se corrigen, ajustan, se les añaden algunas constantes y se calcula un modelo nuevo. Y así sucesivamente.

La creencia en formas estéticamente agradables constituye el modus operandi de toda la empresa científica. A veces, cual sectarios religiosos, los científicos se sienten tentados de manipular su propia doctrina. Hay un episodio interesante que ilustra esa tendencia. Una de las consecuencias de la teoría del Big Bang fue la idea de que el tiempo tenía un principio. Este concepto parecía indicar algún tipo de intervención divina. Cuando la Iglesia católica se agarró al Big Bang y declaró oficialmente en 1951 que concordaba con la Biblia, cundió el pánico en un grupo de destacados físicos.[5] ¡Era como un amenazador rayo del cielo! Después se iniciaron una serie de intentos de evitar la conclusión de que había ocurrido alguna

---

[5] *A Brief History of Time*, Stephen Hawking (Bantam Books, Nueva York, 1988, pág. 46).

clase de big bang. El modelo alternativo más apoyado en la comunidad científica se llamó teoría del estado estacionario, que se basaba en la idea de que el universo tiene más o menos el mismo aspecto en todo momento, así como desde cualquier punto del espacio. Sin embargo, observaciones posteriores contradijeron la idea, y la teoría del estado estacionario se abandonó.

A los científicos les gusta comparar la creación de la vida con una situación en la que una horda de monos golpea máquinas de escribir durante mucho tiempo. La mayor parte de lo que escribirán será basura, pero, por puro azar, alguno mecanografiará un soneto de Shakespeare. Ese soneto sería equivalente al desarrollo dentro de una de las galaxias de un planeta donde las condiciones fueran adecuadas para la aparición de organismos complejos autorreplicantes, como nosotros, capaces de preguntar: ¿por qué estamos aquí? A este manido ejemplo de los pobres monos le falta un punto importante. Como no hay conexión lógica entre las permutaciones alfabéticas y el sentido sublime de los sonetos, ¿cómo sabría tal soneto que era un soneto?

El modelo propuesto por la ciencia actualmente no ha proporcionado todavía la respuesta a las siguientes preguntas. ¿Acaso el hombre, por accidente, ha sido diseñado en exceso y equipado con facultades que no necesita realmente para sobrevivir? ¿O es una pista intencionada que indica que los humanos son capaces de desarrollar distintas clases de facultades necesarias para cumplir su función cósmica?

La propuesta científica debe basarse en datos conocidos y verificables, experimentos repetibles y dar más preferencia a los datos que a la opinión. Para que se apruebe, los datos han de ser confirmados por otros experimentos realizados en las mismas condiciones. Los resultados deben reproducirse independientemente del estado mental del experimentador. Es decir, un experimento tiene que dar exactamente los mismos resultados lo lleve a cabo un sabio o un idiota.

Este enfoque excluye de su consideración cualquier dato o información obtenida por ciertos individuos que tienen acceso a estados elevados de consciencia, mediante los cuales es posible superar el velo de la mente y atravesar las limitaciones del espacio y el tiempo. Los datos de este tipo se clasifican como experiencias «místicas» y, por definición, no constituyen una información fidedigna. Según la interpretación generalizada, el misticismo se basa en creencias y, como tal, no es científicamente válido. Sin embargo, el misticismo es lo que ofrece ese otro enfoque que puede acelerar considerablemente el desarrollo de nuestra comprensión de la consciencia y su función en el universo y en la vida humana.

Al contrario de lo que comúnmente se cree, los místicos no siguen sus creencias. No creen, porque su conocimiento se ha obtenido a través de la experiencia. En este contexto, el término «místicos» no resulta adecuado. En realidad, se les debería denominar «artesanos» cuyo oficio y pericia es el campo de la consciencia. Conocen y aplican leyes que gobiernan el universo y la vida. Son, por tanto, más parecidos a técnicos e ingenieros cuyo trabajo es preservar un *entorno* del que están a cargo. Mientras la ciencia todavía descubre y aprende, los místicos ya han adquirido un conocimiento completo. De vez en cuando, tienen que actualizar sus métodos y técnicas de acuerdo con el momento y lugares en los que viven.

Hay otra diferencia entre el enfoque científico y el místico. En el científico, el estado consciente del observador es necesariamente exclusivo. En el caso del misticismo, solo un observador cuya mente haya sido liberada de apegos mundanos es capaz de proporcionar datos adecuados. Y es este requisito el que ha erigido una barrera que impide a la ciencia acceder a valiosos datos místicos. De este modo, a la exploración científica del universo se le ha cortado la entrada a un acervo fundamental de información. No obstante, puede que ahora la situación cambie como resultado del desarrollo de la teoría cuántica, que ha introducido un nuevo conjunto de términos y conceptos, los cuales parecen ser un eco de diversas experiencias místicas. Por lo tanto, puede que ahora sea el momento de volver a visitar el caudal de datos místicos y expresarlos en el nuevo lenguaje de la física y de la cosmología moderna.

Los datos místicos se han ido reuniendo a lo largo de un periodo de varios miles de años. Este tipo de información, si se aceptara, proporcionaría varios indicios críticos que acelerarían enormemente la eficacia de la exploración del universo, presente y futura. La experiencia subyacente de los místicos indica que hay capas de la mente humana capaces de lograr estados elevados de consciencia. Mientras que la ciencia se ha limitado al nivel más bajo de consciencia humana, estos niveles superiores abren posibilidades de experiencias que arrojen conocimiento.

La dificultad con algunas experiencias místicas estriba en que se describen con un lenguaje elíptico y simbólico, ya sea por falta de terminología adecuada o como medida de seguridad, para impedir que los ignorantes y los codiciosos abusen de ello. Los datos místicos pueden adoptar la forma de escrituras o un tratado filosófico, de poesía o cuentos, de estructuras arquitectónicas o un jardín. Estas formas permiten que la gente absorba ideas que sus patrones ordinarios de pensamiento le impedirían digerir. Se han empleado para presentar una imagen de la realidad más armónica con las necesidades interiores de las personas, lo cual no es posible hacer por medio de discursos intelectuales. Todas estas formas son expresiones de una realidad experimentada, más que explicaciones intelectual y estéticamente satisfactorias. No obstante, cuando estas experiencias se alinean en concordancia con la capacidad perceptiva del auditorio, se vuelven muy consistentes y proporcionan intuiciones importantes de la estructura más profunda de la mente humana.

Sir Roger Penrose, un físico matemático inglés, concluyó su bestseller *La nueva mente del emperador*, con —lo que llamaba— «la perspectiva de un niño».[6] Tal perspectiva es un conjunto de preguntas básicas que los niños no temen hacer pero que a los adultos les da vergüenza formular. Son preguntas como: «¿Qué le ocurre a cada uno de nuestros flujos de consciencia cuando morimos? ¿Dónde estaban antes de que cada uno de nosotros naciera? ¿Podríamos convertirnos en, o haber sido, otra persona? ¿Por qué percibimos? ¿Por qué estamos aquí? ¿Por qué hay aquí un universo en el que podemos estar?». Al término de su libro de cuatrocientas sesenta y seis páginas sobre la ciencia, la consciencia, la inteligencia artificial, la física cuántica y la cosmología, Penrose admite sinceramente que no es capaz de dar respuestas convincentes a ninguna de esas preguntas «infantiles».

---

[6] *The Emperor's New Mind*, Roger Penrose (Oxford University Press, New York, 1989, pág. 447).

Un viaje por la consciencia cósmica es un intento de ofrecer alguna información de contexto que permita hacer frente a estas preguntas «infantiles». La información suministrada se basa en experiencias de los místicos, pero se expresa en el lenguaje de la física cuántica y de la cosmología moderna.

La esencia de la belleza

Oh, cuánto más bella parece la belleza
Con ese dulce adorno que aporta la verdad...
(William Shakespeare)

Se considera que el pergolero macho es, dentro de las especies de aves, el que tiene el comportamiento más complejo. Se pensaba que pertenecía a la familia de las aves del paraíso. El pergolero macho es un pájaro de tamaño mediano, hasta veinticinco centímetros de largo, con plumaje color naranja llameante y amarillo dorado, largas plumas en el cuello y una cola negra con punta amarilla. Su nombre proviene de la extraordinaria estructura de sus pérgolas. Podemos llamarlo el pájaro *arquitecto*.

He aquí unos pasajes de un artículo dedicado a la espectacular belleza y complejidad de las pérgolas de este pájaro. «Cómo la belleza está haciendo que los científicos se replanteen la evolución», de Ferris Jabr, se publicó en *The New York Times Magazine*:

Un pergolero flamígero es una criatura de belleza incandescente. El tono de su plumaje pasa del rojo fundido al amarillo del sol con total fluidez. Pero semejante fulgor no basta para atraer a una pareja. Cuando los machos de la mayoría de las especies de pergolero están dispuestos a iniciar el cortejo, emprenden la construcción de la estructura que les da nombre: juntan ramitas formando un chapitel, pasillo o choza. Decoran sus pérgolas con muchos objetos coloridos, como flores, bayas, caparazones de caracol o, si están cerca de una zona urbana, con tapones de botella o cubiertos de plástico. Algunos pergoleros incluso ordenan las piezas de su colección de la más pequeña a la mayor, formando una pasarela que hace que ellos mismos y sus baratijas resalten más ante la hembra: una ilusión óptica conocida como perspectiva forzada que los humanos no perfeccionaron hasta el siglo XV.[7]

...

El pergolero desafía las presunciones tradicionales sobre el comportamiento animal. Aquí hay una criatura que dedica horas a componer metódicamente un gabinete de maravillas, agrupando sus tesoros por color y semejanza. Aquí hay una criatura que con solo su pico construye algo mucho más sofisticado que gran cantidad de ejemplos famosos de construcción de herramientas por parte de los animales; las ramitas peladas que usan los chimpancés para extraer termitas de un termitero palidecen en comparación. La pérgola del pergolero, como ha argumentado al menos un científico, es nada menos que arte. Al considerar cada elemento del cortejo: los ropajes, la danza y la escul-

---

[7] *Nota del autor*. Este estilo de falsa perspectiva se denominó en arquitectura manierismo. Se creó para demostrar las imperfecciones de nuestros sentidos físicos. Por ejemplo, diseñando una calle con una perspectiva artificial que la haga parecer más ancha o larga, o empleando escayola como una imitación del mármol. Este estilo arquitectónico adquirió toda su importancia gracias a Giulio Romano, un arquitecto, pintor y escultor manierista italiano. Se le conoció en Inglaterra gracias a Shakespeare (ver *El cuento de invierno*, *V.2*, cuando un caballero comenta que Romano es capaz de «usurpar la práctica de la naturaleza, de tan perfectamente que la imita»).

tura, se evoca un concepto muy apreciado por el compositor alemán Richard Wagner: *Gesamtkunstwerk*, una obra de arte total en la que se combinan muchas formas distintas y se estimulan todos los sentidos. Esta extravagancia es también una afrenta a las reglas de la selección natural. Se supone que las adaptaciones son útiles, es de lo que se trata, y las criaturas de mayor éxito deberían ser las mejor adaptadas a sus entornos específicos. Así pues, ¿cuál es la justificación evolutiva del ostentoso despliegue del pergolero? No es solo que las coloridas plumas y elaboradas construcciones del pergolero carezcan de valor, fuera del cortejo, sino que también dificultan su supervivencia y bienestar general, consumiendo valiosas calorías y haciéndolo mucho más visible para sus predadores...

Los filósofos, científicos y escritores llevan miles de años intentando definir la esencia de la belleza. La pluralidad de sus esfuerzos ilustra la inmensa dificultad de semejante tarea. La belleza, dicen, es la armonía, la bondad, una manifestación de la perfección divina, un tipo de placer; lo que genera amor y añoranza.[8]

Parece que al reino animal no solo se mueve por selección natural. Además de la supervivencia hay otro impulso tan fuerte e importante... la belleza. Los animales, igual que los científicos, simplemente encuentran atractivas ciertas características estéticas. ¿Cuál es el origen y propósito de semejante estructura interior profunda del cerebro animal? ¿Cuál es la

---

[8] *How Beauty is Making Scientists Rethink Evolution* (Cómo la belleza está haciendo que los científicos se replanteen la evolución), Ferris Jabr *(The New York Times Magazine,* 9 de enero de 2019).

razón de este enigma de la belleza? ¿Podría ser que algo se torció en el proceso creativo y acabó con unas características que indican un exceso de diseño?

¿O es quizás la *belleza* una forma del acto de observación entre el observador y lo observado?

Para comprender esto plenamente debemos ir más allá del principio de todo.

Un tesoro escondido

El corazón purificado es un tesoro de luz divina, aunque su talismán es de la tierra.

(Jalaluddin Rumi)

Antes del principio, el Absoluto se hallaba totalmente inmerso en autocontemplación. No había nada excepto el Uno. Este estado de unicidad abarcaba infinitas cualidades de belleza y perfección; era como un tesoro increíblemente valioso, pero sin descubrir. El Absoluto era ignoto.

En algún punto el Absoluto concibió un anhelo de «ser conocido». Deseó tener un testigo de esta belleza inmaculada e inalterada perfección. Para que el tesoro fuera plenamente apreciado, tendría que ser expuesto contra un fondo totalmente inferior. Esto se refleja en el dicho: «Es parte de la perfección del ser que contenga imperfección». Tal fondo proporcionaría un contraste para que las cualidades de belleza y perfección pudieran manifestarse en todo su esplendor, multiplicidad y variedad. Entonces se requeriría un testigo perfecto que fuera capaz de comprender y apreciar la grandeza de semejante experiencia. Solo el propio Absoluto podía cumplir la función de testigo perfecto. Al presenciarse a sí mismo, fuera de sí mismo, el proceso de síntesis y autorrealización se completaría. En este punto se concibió la idea de la creación, un concepto recogido en una de las expresiones más citadas de Mahoma:

Yo era un tesoro escondido
Y deseé ser conocido
Y creé la creación.

Esta afirmación engloba todo el propósito de la creación y proporciona indicios que, si se captan, podrían esbozar una dirección para la exploración científica del universo, actual y futura.

Fue entonces cuando el Absoluto concibió el universo con sus galaxias, soles y planetas como fondo necesario para exponer el tesoro. Dentro del universo, la Tierra sería la elegida para proporcionar un entorno que albergara un vehículo dentro del cual se situaría el Absoluto. Es decir, el Absoluto descendería hasta los niveles más inferiores de la creación y dejaría allí una muestra suya. Este singular vehículo tomó la forma de la humanidad. De este modo el hombre, un puñado de polvo, se convertiría en el receptor de esta experiencia tan excepcional. Después, al ser humano se le encomendaría una tarea increíblemente difícil: reconocer el propósito global de su ser y, consiguientemente, alcanzarlo. Es decir, el hombre iba a participar con el Absoluto en la realización de su anhelo, «y deseé ser conocido». Solo entonces se completaría el bucle de la autorrealización.

Es bastante asombroso que los físicos, impulsados por la belleza y la estética de las ecuaciones matemáticas, hayan sido capaces de plantear que «el observador, el observado y el acto de observación están enlazados», es decir, de descubrir el principio de la creación y el papel del observador.

La unicidad del Absoluto era el estado anterior al inicio de la creación, que es el proceso de traer a la existencia ideas preexistentes. Puede compararse a hacer que existan estructuras previamente concebidas como diseños o dibujos.

Como el proceso se ha dirigido al estado físico desde el exterior, es imposible describirlo usando ecuaciones matemáticas y, por tanto, se necesita otro enfoque para transmitir este tipo de conocimiento. Algunos aspectos del proceso y de la función que en él tiene el ser humano se han ilustrado mediante símbolos y alegorías.

Los símbolos místicos son solo aproximaciones y fragmentos de la estructura general, del mismo modo que las ecuaciones de Maxwell, por sí solas, carecen de sentido. Son como puntos desconectados esparcidos por un espacio vacío. Sin embargo, están distribuidos siguiendo un cierto diseño que solo puede percibirse cuando uno aprende a silenciar el ruido que generan los reflejos intelectuales y las reacciones emocionales. Solo entonces puede uno reconocer y conectar los puntos. Al conectarlos, se ven las pautas que van emergiendo y, mediante la experiencia de ellas, se imparte el conocimiento. Porque la familiaridad con los elementos del mundo invisible, de cualquier manera que se produzca, capacita a la mente individual para operar en un dominio superior.

El macrocosmos

Porque donde está el principio, estará el final.

(Evangelio de Tomás)

Las palabras «Yo deseé ser conocido» son la expresión del Absoluto que condujo a la creación. Este enunciado define la primera etapa de la creación en la que el Absoluto se presenta como Esencia Pura («Yo»), Voluntad («deseé») e Intelecto Puro («ser conocido»). La *Esencia Pura* engloba la propia divinidad; la *Voluntad* es una identificación incondicional con el propósito de conocer. El *Intelecto Puro* está investido del conocimiento de la esencia y del proceso de conocer. La Esencia Pura, la Voluntad y el Intelecto Puro son los tres pilares originales de toda la creación. La mayoría de los textos sagrados se refieren a ellos como la triplicidad original. Forman el Dominio, la capa cósmica más elevada. Mediante esta triplicidad original el Absoluto inició el proceso de la creación.

Estos tres pilares pertenecen al Absoluto y solo ellos pueden hacer que existan los mundos invisibles y visible. No obstante, no bastan para producir el efecto deseado de «Yo deseé ser conocido». Para que el plan del Absoluto se lleve a cabo debe haber un reconocimiento del modo de triplicidad correspondiente por parte del observador, que estaría localizado en el estrato más bajo de la creación. Lo que significa que la estructura interna del observador debía basarse también en la triplicidad.

El propósito de la creación solo puede realizarse cuando coinciden ambas triplicidades: la del Absoluto y la del observador. Es decir, lo que responde al impulso creativo llega a ser por su propia acción, no solo por la acción del Absoluto. Esta es la ley fundamental de la creación. En su forma materialista simplificada, esta ley fue descubierta por los físicos como una nueva visión del universo cuántico donde el observador, lo observado y el acto de observación están enlazados.

La triplicidad original de la creación se filtra a través de las diversas capas de los mundos invisibles y visible y se transmite y distribuye por medio de un campo de consciencia universal. El campo de consciencia es una única sustancia que impregna toda la creación con diversos grados de refinamiento. Mediante este campo se manifiestan por todos los mundos la perfección, majestad y belleza universales.

De acuerdo con el plan, el observador está localizado en las regiones más remotas de la consciencia y, por tanto, era necesario establecer una infraestructura que permitiera albergar tan inmenso gradiente de consciencia. La estructura general se denomina cosmos. Una parte más elevada (más sutil) de esta infraestructura se compone de mundos invisibles, no perceptibles mediante los sentidos físicos y se denomina macrocosmos. La parte inferior del cosmos se llama universo, es decir, el mundo físico, y se puede percibir con los sentidos físicos.

El cosmos incluye los mundos formados a medida que el campo de consciencia se distanciaba del Dominio. Se formaron los siguientes estratos:

- el mundo de las ideas,
- el mundo de los símbolos,
- una zona intermedia y
- el mundo de los objetos fenoménicos.

El *Dominio* contiene la triplicidad original de la creación.

El mundo de las *ideas* contiene una multiplicidad de los aspectos que constituyen la triplicidad original.

Los *símbolos* son ideas expresadas como formas.

Los *objetos* fenoménicos son las manifestaciones físicas de las formas simbólicas.

La *zona intermedia* actúa como transición entre lo visible y lo invisible.

A medida que el campo de consciencia cae en cascada desde el Dominio, va dando forma al mundo de las ideas, que es el segundo estrato del macrocosmos, justo por debajo del Dominio. Opera fuera de la existencia y es ahí donde apareció el conjunto de ideas y conceptos primordiales. Se puede considerar a estas ideas y conceptos como centros dentro de la capa más fina del campo de consciencia universal. Constituyen los elementos de una matriz que contiene todos los atributos posibles de esencia, majestad y belleza.

Los diversos centros del mundo de las ideas forman múltiples subcapas. No son «uno», son «muchos». Cada una de estas capas tiene su propio nombre que describe los diversos atributos y aspectos. Son como reflejos de un objeto en una multiplicidad de espejos. En un sentido, todos esos nombres tienen una existencia independiente solo por virtud de la idea generalizada. El propio hecho de la multiplicidad proporciona la posibilidad de defectos. Al multiplicarse, quedaron expuestos a la posibilidad de imperfección, lo que condujo a la aparición de algunos estados defectuosos en los centros de perfección absoluta. A pesar de estas imperfecciones, el mundo de las ideas en su totalidad sirve de plantilla activa para los mundos inferiores.

El descenso en cascada del campo de consciencia hizo que el mundo de las ideas se proyectara en un nivel más tosco. El estrato inferior al mundo de las ideas es el de los símbolos, o mundo de los modelos-imagen. Cada uno de los centros del mundo de las ideas se proyectó en el mundo de los símbolos como una multiplicidad de formas de esos diversos aspectos y atributos. Igual que el de las ideas, el mundo de los símbolos se compone de muchas subcapas. Los símbolos son necesarios porque las ideas y conceptos originales no se pueden percibir dentro de los límites del mundo físico; son demasiado sutiles para aparecer en el mundo inferior de los fenómenos.

A medida que el campo de consciencia descendía, su grado de sutileza se iba atenuando en porciones discretas. En consecuencia, el mundo de los símbolos es menos sutil que el de las ideas. Este descenso en cascada no significa salir de la zona más sutil de consciencia. Es más bien como entretejer una capa más tosca con un tejido más refinado. Ambos mundos están entretejidos y se permean. Esta característica es aplicable a todos los mundos, visibles e invisibles; todos están engranados como una alfombra de múltiples capas. La diferencia entre ellos es su refinamiento, no su localización.

El mundo de los símbolos opera fuera de los límites del tiempo ordinario. Inherentes al mundo de los símbolos se hallan las formas de todo lo que es capaz de ser, incluso antes de que exista. Es como la capacidad humana de visualizar una acción deseada antes de que esta se manifieste en el mundo externo. Puede decirse que la forma que está escondida en el mundo de los símbolos es exactamente la misma que su reflejo visto en el mundo de los fenómenos. Los objetos de los mundos físicos son las semejanzas y reflejos de las formas del mundo de los símbolos.

Los símbolos representan todas las potencialidades de todos los estados, formas, relaciones y configuraciones posibles de la totalidad del mundo físico. Los símbolos se usan para proyectar en el mundo visible los diversos aspectos y atributos del mundo de las ideas. Mediante ellos, las cualidades del Absoluto en sus formas veladas pueden manifestarse en el mundo físico, donde se asocian con diversas formas de belleza y perfección.

Las diversas capas del macrocosmos trascienden la percepción de los sentidos físicos y la imaginación. Aunque es sutil, la fuerza del campo de consciencia es tan poderosa que aniquilaría cualquier rastro de materia y, por tanto, allí no es posible que exista materia alguna. Por consiguiente, el macrocosmos está fuera de los límites del espacio, el tiempo y la existencia. Sin embargo, según las experiencias de los místicos, el macrocosmos contiene el patrón original de todo el mundo físico y la mente humana. Es decir, alberga el diseño de toda la creación, desde su principio hasta su final:

> Cuando ves tu semejanza, te alegras. Pero cuando ves tus imágenes que fueron antes que tú y que ni mueren ni se hacen visibles ¡cuánto más soportarás!
>
> *(El evangelio de Tomás,* 84)

Por supuesto, el modelo místico de la estructura cósmica solo es una aproximación expresada por medio de alegorías y símbolos. Aunque la experiencia del místico no puede verificarse con los criterios de la ciencia materialista, merece la pena intentar alcanzarla pues proporciona indicaciones sobre la estructura general del mundo físico.

El mundo de los símbolos está separado del fenoménico por una zona intermedia, que es como un velo que rodea todo el universo. Hace que los sentidos físicos no puedan percibir el macrocosmos. La ciencia ha reconocido la presencia de esa zona intermedia y ha identificado su función como el velado de la realidad. Como se indica en el primer capítulo, «lo que está fuera del tiempo y el espacio es inconcebible y la realidad sin filtrar probablemente fundiría los circuitos del cerebro».

El Dominio, el mundo de las ideas y el de los símbolos conforman el macrocosmos, los mundos inteligibles más allá de la existencia física. A veces los diversos estratos del macrocosmos se denominan «cielos».

La siguiente etapa del proceso de creación se realiza cuando el mundo de los símbolos se proyecta, a través de la zona intermedia, en la siguiente capa inferior. De nuevo, la sutileza del campo de consciencia se atenúa aún más en proporción discreta, a medida que cae sobre la forma más burda de su manifestación: el mundo físico. Dicha atenuación tiene carácter cualitativo y es necesaria para adaptar el descenso gradual de la consciencia al mundo inferior.

El mundo físico (el universo) ocupa la posición más baja de la estructura cosmológica. El universo y cada uno de sus componentes están entrelazados dentro del macrocosmos y las diversas capas del campo de la conciencia universal los impregnan. Lo que significa que todo el universo, incluida cualquier forma de materia y de vida, constituye la capa más tosca del campo de consciencia que está entretejido con capas más refinadas de consciencia más sutil. En este sentido, el cosmos es un gradiente de consciencia en el cual el mundo físico ocupa un nivel inferior.

El mundo físico está conectado con su fuente original a través de los distintos niveles del campo de consciencia universal. A esto se refiere la frase del evangelio de Juan:

> En el principio fue el Verbo.
>
> (Juan, 1:1)

«El Verbo» es un símbolo, lo que indica que apareció en el mundo de los símbolos. Si el «Verbo» se formuló en tal mundo, tendría que haberse originado en el mundo de las ideas. ¿Hay alguna indicación de cuál fue esa idea?

Resulta que sí la hay, expresada en el versículo coránico conocido como «el corazón del Corán». El versículo se titula *Ya Sin*, dos letras del alfabeto árabe (Y, S). Estas dos letras indican el vínculo entre «el Verbo» y su originador en el mundo de las ideas. Hakim Sanai, un poeta persa del siglo XII, explicó el vínculo en el siguiente verso:

> Con *Kaf* y *Nun*, como una perla preciosa,
> Él hizo del ojo una boca llena de *Ya Sin*.[9]

---

[9] *The Walled Garden of Truth*, Hakim Sanai; traducido por David Pendlebury (The Octagon Press, Londres, 1974, pág. 56). Versión en español: *El jardín amurallado de la verdad*, Hakim Sanai,(Editorial Sufi, 1999, pág. 31).

Los místicos tienen su propio lenguaje que utilizan para comunicar sus experiencias; se basa en el sistema *abjad*. En este sistema, a las letras del alfabeto se les asigna un valor numérico. Por tanto, las frases místicas pueden traducirse a números y viceversa. De este modo se pueden describir los vínculos entre las ideas (frases), los símbolos (palabras) y las cosas. Los místicos emplean este sistema para transmitir su experiencia de la relación entre el mundo visible y los mundos invisibles.

Tal sistema se usa con frecuencia en la poesía árabe y persa. Algunos de los cuentos y fábulas están escritos en código abjad. Aunque el abjad es inherente al diseño de la lengua árabe, algunos ejemplos simplificados se pueden traducir a otros idiomas. Unas cuantas muestras de su aplicación pueden encontrarse en la poesía inglesa.[10]

Según el sistema abjad, las letras *Ya* y *Sin* son equivalentes a las letras *Kaf* y *Nun* (K, N), que forman el mandato primordial de Dios: «¡Sea!».[11]

¡Sea!, y es.
(*Corán*, 36:82)

En el contexto del dístico de Sanai, el «ojo» indica el precursor y originador del «verbo». El «ojo», la consciencia en el nivel del mundo de las ideas, reconoce «una perla preciosa» («el tesoro escondido») que, en ese nivel, carece de forma. Después, la idea se traslada al mundo de los símbolos donde adopta la forma de «Verbo». Este verbo es «Sea». Desde el

---

[10] Shakespeare conocía el sistema. Usó el sistema abjad en el episodio con Escaro en *Antonio y Cleopatra* y en la Dedicatoria de los Sonetos.
[11] Las letras *K* y *N* forman la raíz de la palabra *kun* (sea).

mundo de los símbolos se manifiesta en el físico («¡Sea!, y es»).

Este es un ejemplo de cómo se complementan mutuamente la Biblia y el Corán. Pero esta relación permanece oculta si uno se limita a la interpretación literal de las escrituras.

La orden «¡Sea!» desencadenó el evento que los físicos modernos llamaron Big Bang. Fue la llegada del mundo físico desde lo invisible; como la luz saliendo de la oscuridad. El Génesis hace alusión a esto como la aparición del Día saliendo de la Noche:

> Y dijo Dios: Sea la luz; y fue la luz.
> Y vio Dios que la luz era buena; y separó Dios la luz de las tinieblas.
> Y llamó Dios a la luz Día, y a las tinieblas llamó Noche.
> Y la tarde y la mañana fueron el primer día.
> (*Génesis* 1:3-5)

Esta fue la primera etapa («el primer día») del proceso que llevó a la aparición del universo. Fue el principio de todo lo que llegó a tener existencia física.

La intención de «ser conocido» es la que condujo a la creación del mundo físico y fue la fuerza motriz de todo el proceso. El mundo físico proporcionaría el entorno en el que se podía esconder la joya («perla preciosa»), la cual se ocultaría velándose con las múltiples capas de las ideas y los símbolos. En el plan general de las cosas, el ser humano albergaría la «joya» oculta en su interior. Recordemos de nuevo que las diversas capas no son localidades,[12] son distintos estados de la mente humana.

Las capas del macrocosmos corresponden a varias etapas de la consciencia superior. Para intentar alcanzar el macrocosmos el hombre debe superar las limitaciones del espacio y el tiempo. Por tanto, al ser humano se le concedieron unos medios que le permitirían atravesar tales limitaciones y cumplir correctamente su obligación evolutiva. Sin embargo, dichos medios se invistieron en el hombre en su forma latente. Puede decirse que estos «mecanismos» han sido velados y los velos forman una barrera: una zona intermedia. Los científicos han identificado la existencia de esta zona como «el principio de la no localidad velada». La zona intermedia divide los mundos invisibles y el mundo físico. En su estado natural u ordinario, el ser humano es incapaz de franquear dicha barrera. Solo puede superarse mediante esfuerzos conscientes y dirigidos. La activación y desarrollo de estos mecanismos latentes es un paso crucial en todo el proceso. En este sentido, el ser humano es el eslabón más vulnerable de toda la estructura cósmica. Este desafío determina el destino de la humanidad.

El universo se creó como un caparazón dentro del cual existiría la humanidad. Familiarizándonos con los diversos estratos cósmicos podemos obtener un indicio de la estructura de la mente humana. Es decir, las distintas etapas del desarrollo de las capas internas de la mente humana son reflejos del macrocosmos.

12

https://es.wikipedia.org/wiki/Principio_de_localidad#Localidad_en_mec%C3%A1nica_cu%C3%A1ntica

El punto

La geometría atraerá el alma hacia la verdad y creará el espíritu de la filosofía.

(Platón)

A finales del verano de 2013 se celebra en Trieste, una ciudad italiana en la costa del Adriático, una sesión de la Conferencia internacional de supersimetría y unificación de las interacciones fundamentales. La conferencia está dedicada a nuevas ideas en la física de alta energía.

Estamos en una magnífica sala de conferencias.[13] Nima Arkani-Hamed, un físico teórico americano-canadiense está en el estrado ante el público. Lleva una camisa azul oscuro suelta por encima de sus pantalones cortos. Camina con paso firme de un lado del escenario al otro y luego se gira y vuelve al otro lado. Como un péndulo balanceándose por el escenario, repite incansablemente sus movimientos. Tras él hay una gran pantalla en la que se ven imágenes extrañas. Son como garabatos, llenos de flechas, polígonos, números, círculos y otras formas y curvas no definidas claramente. Cada vez que pasa ante la pantalla, se añade una nueva pieza a la imagen anterior y aparece otro garabato. Para un observador externo, parece un hombre que está construyendo una nueva e increíblemente compleja estructura. Igual que la sofisticada pérgola del pájaro arquitecto; con cada vuelta, trae una nueva ramita a su «pérgola». Pero entonces esta estructura se coloca en un espacio multidimensional y toma la forma de una figura

---

[13] El Amplituhedron (https://www.youtube.com/watch?v=q4Dj8fq30sk).

geométrica muy elaborada. En su volumen están codificadas las características más básicas de la realidad a las que se puede acceder mediante las matemáticas. Se llaman «amplitudes de dispersión». Representan la probabilidad de que, al colisionar, cierto conjunto de partículas se convierta en otras partículas determinadas. En lugar de las tradicionales ecuaciones matemáticas, esta figura geométrica multidimensional, similar a un cristal, representa un operador sofisticado, una de las últimas estructuras formadas intelectualmente que podría representar el «alma» de la materia.

***

Los científicos creen que el origen de todo puede describirse suficientemente mediante un conjunto de relaciones matemáticas complejas que pueden reducirse a una sola ecuación, que se expresaría de la siguiente manera:

$$\{\}\Psi = 0$$

El símbolo $\{\}$ es un operador que abarca todas las funciones matemáticas Ψ necesarias para describir todas las relaciones entre las fuerzas unificadas y el conjunto completo de las partículas más elementales. Todo lo que existe estará incluido y determinado por el operador $\{\}$.

Las matemáticas actúan como un operador que permite expresar «cosas» como símbolos. Las «cosas» son cuantificables; por tanto, siempre son iguales a un número. Es posible así describir las relaciones cuantitativas entre «cosas» cuyas propiedades están representadas por números. Por eso, en un lado de la ecuación hay un «0». Este «0» indica que todos los efectos y cosas se han incluido, tenido en cuenta y compensado.

El operador {} es desconocido; no se ha descubierto todavía. Es posible que, en lugar de un conjunto de largas fórmulas matemáticas, adopte la forma de una sofisticada «pérgola» geométrica multidimensional. Encontrarlo y formularlo constituye la meta final de la ciencia. Se cree que, cuando se encuentre, se sabrá todo sobre el universo y la vida. El operador es el punto central tras «la teoría de todo», un hipotético marco de funciones teórico que pretende explicar completamente y relacionar todos los aspectos del universo. La «teoría de todo» es como la máxima máquina de predicción: una sola ecuación de la que todo puede deducirse. Aunque los científicos excluyen a la «divinidad» de sus investigaciones, suele gustarles hacer referencias al factor divino. En este caso en concreto, creen que el operador {} sería un sustituto de «la mente de Dios».

***

Mientras los científicos concentraban sus esfuerzos en comprender cómo llegó a existir el universo físico, los místicos investigaban sucesos que ocurrieron antes de que apareciera. Buscaban el macrocosmos. Trabajaban con una fórmula equivalente a la fórmula de la «pérgola» mencionada antes. En el lenguaje simbólico de los místicos, la fórmula se expresa así:

Ehyeh asher ehyeh[14]
(*Éxodo*, 3-14)

---

[14] N.T. Esta frase suele traducirse en español por «Yo soy el que soy». En el texto original inglés la expresión es «*I am that I am*» que, traducida muy literalmente, es «Yo soy eso Yo soy». La frase en hebreo «*Ehyeh asher ehyeh*», da lugar a una gran variedad de interpretaciones y traducciones. En la fórmula, el texto inglés se divide en «*I am that*» (Yo soy eso) en la parte izquierda y «*I am*» (Yo soy) en la parte derecha.

La parte izquierda de la fórmula, «*Ehyeh asher*», abarca todo el mundo físico. Esta parte es equivalente a la ecuación «pérgola». El resto de la frase, «*ehyeh*», indica el efecto de la presencia del Absoluto. Según los místicos, «*ehyeh*» es el factor que mantiene en equilibrio el cosmos. Sin ello, la fórmula estaría incompleta. Todo el Cosmos es la manifestación simultánea de estos dos estados: «*Ehyeh asher*» y «*ehyeh*». A cada instante, estos dos estados determinan el estado total del Cosmos.

La fórmula resulta más evidente en la versión coránica:

No hay Dios sino Dios
(*Corán*, 47:19)

El Corán se refiere al mundo físico como «No hay Dios». Igual que en la expresión bíblica, el mundo físico se mantiene en equilibrio por «Dios».

Ahora resulta fácil comprender la posición en la que se ha situado la ciencia: solo se ocupa de la parte izquierda de la fórmula mística. En este contexto, el enfoque científico puede expresarse con la siguiente equivalencia:

$(Ehyeh\ asher) \equiv 0$

Esta equivalencia excluye la presencia del Absoluto. Es como un pájaro con una sola ala: no puede volar. Aunque equilibrada dentro del mundo fenoménico, la fórmula está incompleta en el contexto del cosmos global; le falta un factor clave.

Como la ciencia, las religiones se concentran solo en un lado de estas fórmulas: en el derecho, «Dios». En el enfoque religioso se ignora al ser humano, como participante activo del proceso creativo.

En cambio, los místicos tomaron en consideración la secuencia completa de la fórmula. Han entendido que el secreto de la creación y el propósito de la vida no se puede expresar adecuadamente con números. Sin embargo, se puede indicar mediante alegorías y símbolos.

Los místicos se han dado cuenta de que hay algo que falta, intencionalmente, en las fórmulas bíblica y coránica. Este «algo» es necesario para hacer valer el equilibrio, la simetría y la belleza de estas expresiones. Por tanto, centraron su atención en el elemento que faltaba. Entonces pudieron percibir que hay un «punto» oculto en medio de esta expresión aparentemente paradójica:

No hay Dios • sino Dios

Este «punto» oculto fusiona lo visible y lo invisible, igual que el punto en el centro del símbolo de infinito:

$$\infty$$

La parte izquierda de la expresión mística se refiere al mundo físico; la derecha representa el macrocosmos. El «punto» es como una puerta escondida que lleva del mundo de los fenómenos al macrocosmos.

El «punto» es la indicación simbólica de cómo lo laico y lo sagrado, lo científico y lo místico, lo sensorial y lo visionario, lo imaginario y lo real están siempre mezclándose. En este contexto se puede considerar que el «punto» es un operador. Este operador invisible proporciona un marco que permite al ser humano desarrollar su mente de forma que se vuelve capaz de experimentar el funcionamiento de los mundos invisibles. La única manera posible de hallar respuestas satisfactorias a las preguntas acerca del propósito del universo y de la vida humana es experimentando los mundos invisibles.

El sistema abjad puede ayudar a descodificar el significado del «punto». La raíz árabe de la palabra «punto» tiene tres letras: Q, N y T. Estas letras equivalen al número 159 (100, 50, 9). El número 159 puede expresarse como (40 + 5 + 50 + 4 + 60). Estos números equivalen a un conjunto de consonantes (M, H, N, D y S), letras que forman la raíz de la palabra *muhandis* que significa «Arquitecto».[15] Así pues, la palabra «punto» es un símbolo que indica «Arquitecto». Si este sentido se extiende al concepto de Arquitecto Primordial, un aspecto del Absoluto, el «punto» adquiere una función dinámica que le permite a uno moverse desde el mundo físico hacia los mundos invisibles de los símbolos y las ideas. Indica el punto de partida del viaje hacia el Absoluto. Es ahí donde comienza el *viaje* que lleva al «más allá».

Se considera al sistema abjad como un precursor de las matemáticas. La diferencia es que las matemáticas no pueden realizar operaciones con números infinitos. Todos los símbolos matemáticos pertenecen al mundo de los fenómenos, por tanto, las matemáticas no se pueden aplicar a las relaciones dentro del macrocosmos; están limitadas al mundo físico. Sin embargo, sí es factible hacerlo con el sistema abjad. Por ejemplo, el «punto» en el medio de la paradoja no solo señala el camino a lo invisible, también transmite parte de la metodología de desarrollo. Tomadas por separado las dos letras

---

[15] *The Sufis*, Idries Shah (The Octagon Press, Londres, 1964, pág. 372).

(Q, N) de la palabra «punto», significan «meditación profunda». Para llegar al «más allá», hay que centrar la atención en el «punto»; ahí es donde se puede experimentar el secreto interior. Lo señala la letra restante (T), que representa el «conocimiento interior». Es decir, el «punto» es un indicador no solo del destino final del viaje, sino que contiene instrucciones sobre cómo comenzarlo. El viaje empieza con una «meditación» que conduce al «conocimiento interior», obtenido mediante el desarrollo de las capas internas de la mente. Desarrollando estas capas, que se conocen como facultades interiores, se puede llegar a la presencia del Arquitecto Primordial.

Para los místicos, el «punto» denota tanto el comienzo de su viaje como su destino final. Indica el propósito de la vida; de hecho, señala el principio de una nueva vida. Su función está ilustrada en muchos cuentos y fábulas como una cueva mágica con tesoros, un caballo mágico que se alza hasta el cielo, un genio en una botella, un anillo que abre la puerta de un reino mágico, etcétera, etcétera. En este contexto el «punto» es el equivalente místico del operador universal que persiguen los físicos. Pero hay una gran diferencia entre ambos «operadores». El científico ha de formularse en el lenguaje de las matemáticas. El «punto», para ser eficaz, debe experimentarse. Por supuesto, hay que estar familiarizado con el concepto general y las ideas que recalcan el «secreto» oculto en esta representación aparentemente trivial. Igual que en el caso de las ecuaciones de Maxwell, para una persona que no esté versada en esta determinada «ciencia», este símbolo carece de sentido y de importancia.

En la naturaleza, este «punto» se ha grabado de alguna manera en criaturas como el ave del paraíso y sus magníficas pérgolas. En este contexto, el pergolero está sobrediseñado; no necesita embellecer su pérgola, simplemente no puede evitar hacerlo. No obstante, su actividad puede ayudar a que el ser humano se pregunte: ¿por qué lo hace el pájaro? Y esa es la única razón por la que se necesitan el pájaro y su pérgola. La fijación del ave del paraíso con la belleza es una pista sobre la verdad cósmica inherente en el mundo físico. La belleza física no es más que una indicación de la perfección cósmica, un recordatorio siempre presente de que, igual que el cerebro del ave, la mente humana en su estado ordinario se siente atraído por ella, pero es incapaz de percibir plenamente su significado.

Limitando la atención a la manifestación física de la belleza y centrando los esfuerzos en reproducirla, uno se desvía de la intención primordial que es la fuerza motriz de la vida humana. Antes o después, este tipo de belleza desaparece; es perecedera. Sin embargo, a diferencia del cerebro del pájaro, la mente humana puede sobreponerse a sus limitaciones. Puede prepararse para superar la perspectiva ilusoria de la realidad y percibir el sentido codificado dentro de la belleza natural.

A la ciencia, como al pergolero, le impulsan una belleza intuitivamente detectada y la perfección de las fuerzas que gobiernan la materia. Se siente increíblemente atraída por ellas y forzada a reproducirlas empleando el aparato que ha desarrollado: las matemáticas. En este sentido, el enfoque científico es una copia de la fijación del ave del paraíso con la «pérgola», al intentar «usurpar la práctica de la naturaleza».[16] En consecuencia, la ciencia acaba como el ave, encerrada en un interminable construir y decorar, una actividad espectacular pero

---

[16] Ver nota 7.

estéril a efectos de desarrollo. La situación se ilustra en la historia de «Zaky y la paloma»:

Había una vez un hombre llamado Zaky. Debido a sus capacidades y su compromiso, cierto maestro —el Khaja— decidió ayudarle. Este Khaja designó una criatura sutil con poderes especiales para que asistiera a Zaky y le ayudara cuando pudiera.

Con el paso de los años, Zaky encontró que sus asuntos prosperaban. No pensaba que las ventajas que recibía se debieran exclusivamente a sí mismo, y empezó a notar coincidencias.

Observó que, cuando sus asuntos estaban a punto de ir bien, se podía ver cerca una pequeña paloma blanca.

El hecho era que, el ayudante sutil, a pesar de sus poderes, necesitaba estar próximo a Zaky para llevar a cabo su tarea. Por muy notables que fueran sus capacidades, era necesario que adoptara una forma en su transición a la dimensión presente. Tomó la de una paloma, por ser la más adecuada.

Pero Zaky asociaba las palomas con la suerte, y la suerte con las palomas. Así que empezó a tener palomas, y a alimentar a cualquier paloma que veía, y a llevar bordados de palomas en sus ropas.

Se interesó tanto por las palomas que todo el mundo le consideraba una autoridad en la materia. Pero sus asuntos materiales y de otro tipo dejaron de prosperar, porque su concentración se había desviado de la intención a la manifestación, y el sutil ayudante con forma de paloma tuvo que retirarse para evitar ser la causa de que Zaky se boicoteara a sí mismo.[17]

El mundo físico está moldeado en concordancia con el diseño del macrocosmos. El campo de consciencia es la fuerza motriz de todo el proceso. En el mundo físico, dicha fuerza motriz se manifiesta con una multiplicidad de formas. A lo largo de los siglos, las diversas formas han sido gradualmente descubiertas como leyes de la física y reglas de las matemáticas, las cuales permitieron formular las diversas teorías y modelos del universo. En este contexto, podemos considerar las leyes de la física y las matemáticas como proyecciones manieristas de los principios que residen en el mundo de los símbolos. Ese mundo contiene la plantilla completa del mundo físico, que es el patrón que la ciencia intenta descodificar. Es decir, se trata de un intento de alcanzar el mundo de los símbolos por medio del intelecto ordinario: una tarea imposible. Las leyes de la física formuladas por la ciencia son realmente elementos sesgados y fragmentados de la matriz que opera dentro del mundo de los símbolos. El sesgo de las leyes de la física es como «el gusano en la manzana» del cuento «La manzana celestial»:

> Ibn-Nasir estaba enfermo y aunque no era temporada de manzanas, él ansiaba una.
> Hallaj súbitamente hizo aparecer una.
> Alguien dijo:
> —Esta manzana tiene un gusano dentro. ¿Cómo puede estar tan infestada una fruta de origen celestial?

---

[17] «Zaky and the Dove», incluido en *The Magic Monastery*, Idries Shah (The Octagon Press, Londres, 1981, pág. 72).

Hallaj explicó:

—La fruta se ha visto afectada precisamente debido a que su origen es celestial. No era así originalmente, pero cuando entró en la morada de la imperfección, compartió la enfermedad característica de aquí.[18]

Por ello, estar familiarizado con el macrocosmos proporciona indicios importantes que pueden guiar a la ciencia y los científicos en sus intentos de describir el modus operandi del universo. Lo interesante es que algunos de los descubrimientos más recientes de la teoría cuántica son reflejos fieles, aunque parciales, de las experiencias místicas y, como tales, permiten expresar algunas de ellas en el lenguaje de la ciencia moderna. Incluso aunque el modo de adquirir «datos» místicos no sea aceptable para la ciencia, las experiencias místicas pueden servir de referencia útil para los descubrimientos científicos más recientes. Es más, los «datos» místicos pueden ayudar a que la ciencia sea más eficaz, indicando la dirección de enfoques y metas más adecuados.

Por esta razón, la ciencia racional debería indagar en la base de datos místicos, como fuente de información relevante necesaria para una continuación eficaz y significativa de la exploración de la vida y el universo.

---

[18] «The celestial apple», incluido en *The Way of the Sufi*, Idries Shah (The Octagon Press, Londres, 1980, pág. 256).

El oscilador cósmico

*Si quieres encontrar los secretos del universo,
piensa en términos de energía, frecuencia, vibración.*
(Nikola Tesla)

A medida que el campo de consciencia universal descendía del mundo de los símbolos, formó una barrera. Era la zona intermedia entre el mundo de los símbolos y el físico. En la zona intermedia se produce una enorme degradación del campo de consciencia. El universo iba a formarse en las zonas más toscas de consciencia.

El concepto del mundo físico se concibió por primera vez en el de las ideas. Después apareció en el mundo de los símbolos el patrón completo del universo que contenía todas las posibilidades de todo cuanto haya existido, pueda existir o existirá en el universo; y apareció primero como un «punto», es decir un punto *no dimensional*. Al proyectarse desde el mundo de los símbolos hacia las formas más rudimentarias de consciencia, el «punto» adquirió una dimensión. El universo nacería de ese punto *unidimensional*. La proyección del «punto» al punto unidimensional corresponde a la transformación en materia de los grados más bajos de consciencia: señaló el nacimiento de la materia. Este suceso se ha denominado Big Bang.

Según la ciencia moderna, el universo se creó como resultado del Big Bang. Aunque el modelo actual del Big Bang se encuentra todavía en una etapa hipotética, de momento ofrece la mejor aproximación disponible para entender el concepto general de la creación del universo.

Antes del Big Bang, todo el universo estaba contenido en el punto unidimensional, que es el nivel inferior de toda la creación cósmica. Su aparición señaló que la parte descendente del bucle de la creación se había completado.

Los límites del futuro universo se manifestarían en el mundo fenoménico mediante la aparición de un medio que la ciencia ha llamado espacio-tiempo. Todo el espacio-tiempo estaría encerrado entre este punto unidimensional y la zona intermedia. Es decir, la región del campo de consciencia entre el punto unidimensional y la zona intermedia determinaba las fronteras del futuro universo. Las condiciones eran adecuadas para iniciar la parte ascendente del bucle. El Big Bang marcó el inicio del ascenso y fue el primer paso de la elevación hacia el Absoluto. No es sorprendente que los humanos estén tan fascinados con este evento.

La primera fase del ascenso podría llamarse la creación mecánica. Aunque fue divinamente concebida e implementada, fue estrictamente un proceso «mecánico». El espacio, el tiempo y la materia fueron los productos de la primera fase de la creación mecánica. El proceso estaba limitado por una serie de restricciones impuestas al espacio, el tiempo y la materia, dictadas por el propósito global del universo, que era proporcionar las condiciones suficientes para que se cumpliera el potencial evolutivo investido en la humanidad. Más tarde, las restricciones del espacio, el tiempo y la materia se descubrieron como las leyes de la física.

El tamaño del espacio estaba establecido de tal forma que garantizara las condiciones suficientes para la aparición y mantenimiento de la vida; la materia determinaba la cantidad de energía en bruto necesaria para crear y sustentar vida; el tiempo se estableció de modo que fuera bastante para que el ser humano cumpliera su función.

La materia se formó en los grados más bajos de consciencia, que conducirían a la formación de los minerales, los vegetales y los animales.

La masa necesaria para la formación de todo el universo estaba investida en el punto unidimensional. En consecuencia, la densidad y curvatura de dicho punto unidimensional habría sido infinito. Este punto es un ejemplo de lo que los matemáticos llaman una singularidad. Cualquier teoría matemática es inoperante en este punto, lo que significa que las matemáticas no se pueden aplicar a sucesos anteriores al Big Bang.[19] La ciencia solo intenta entender lo que ocurrió después y, por lo que le concierne, los eventos previos al Big Bang no tienen consecuencias en sus modelos.

Como describe la famosa ecuación de Einstein ($E = mc^2$), la masa es equivalente a la energía, por tanto la energía total de todo el universo estaba confinada en ese punto singular. En consecuencia, el punto se volvió infinitamente caliente. Fue entonces cuando el punto estalló y surgieron los infinitesimales precursores de las partículas elementales de la materia. Fue el nacimiento del universo, así como el principio del espacio, el tiempo y la masa. El espacio-tiempo-materia definió los límites del mundo material.

Mientras intentaban construir un modelo del universo, los científicos concluyeron que todas las partículas eran, de

---

[19] Es interesante darse cuenta de que no se trata de una doctrina filosófica, sino simplemente de la limitación de las matemáticas, que imponen a la ciencia la creencia en un universo completamente contenido en sí mismo.

hecho, ondas. Por consiguiente, todo lo que hay en el mundo físico, incluyendo el propio universo, tiene su propia función de onda de probabilidad. Lo que significa que vivimos en un mundo de posibilidades cuánticas. Según la teoría cuántica, la probabilidad de un suceso solo existe si «alguien» lo observa y experimenta. Únicamente entonces puede colapsarse la función de onda y manifestarse como partícula. Esta es una de las leyes básicas de la física cuántica. Parece evidente que el principio divino del «observador» está codificado en las leyes que gobiernan la materia física. No obstante, lo que resulta extraordinario es que esta ley fue descubierta por la ciencia moderna y se convirtió en uno de los elementos fundamentales de la física cuántica.

La teoría cuántica da a entender que, para que el universo se manifieste, debe haber un observador que lo observe y colapse su función de onda. Por supuesto, en las primeras etapas del universo no había «alguien» dentro del universo que observara lo que ocurría. Por tanto, las funciones de onda de las partículas iniciales no podían colapsarse; el universo no podía llegar a ser.[20] Lo cual indica claramente que tal «observador» solo podía existir en las zonas elevadas de consciencia, es decir, fuera de las limitaciones del espacio-tiempo-materia. Esto es de conformidad con la regla (X + 1) que afirma que el acto de «observación» de un nivel X puede ser efectivamente ejecutado por un observador que actúe en un nivel de consciencia (X + 1) o superior. Dicha regla refleja el hecho de que el cosmos es un gradiente de consciencia. En consecuencia, un hombre corriente puede colapsar las funciones de onda de los fotones y las partículas elementales mediante su acto

---

[20] En este punto falla el *bucle de auto consistencia* (mencionado en el primer capítulo) propuesto por la ciencia.

de observación, pero no puede colapsar su propia función de onda. Para que aparezca el hombre es necesario un «observador» en el macrocosmos.

El universo se creó para que el hombre pudiera cumplir su función evolutiva. Todo el sistema se diseñó de modo tal que las acciones del hombre se reflejan en los diversos estratos cósmicos, lo que implica que el sistema general es dinámico, está cambiando en concordancia con los actos del ser humano. En el macrocosmos se están realizando los cambios correspondientes de acuerdo con las acciones del hombre y, a su vez, se proyectan de vuelta al mundo físico. Es decir, hay un feedback activo entre el mundo físico y los mundos invisibles, lo que significa que el universo se actualiza continuamente. El Salmo 33 alude a este estado dinámico del universo:

> Por la palabra del Señor se hicieron los cielos;
> Por el soplo de su boca toda su mesnada.
>
> (*Salmo 33:6*)

Este salmo indica que el universo, con sus galaxias, estrellas y planetas, se hizo como resultado del aliento del Señor.

Jami, un poeta persa del siglo XV, amplía el concepto. En su *Destellos de luz* afirma que el universo se mantiene por «respiración»:

> Este universo se compone de accidentes que
> pertenecen todos a una sola sustancia, que es la
> Realidad que subyace a todas las existencias. Este
> universo se cambia incesantemente a cada momento y a

cada aliento. Cada instante se aniquila un universo y otro parecido toma su lugar.[21]

A cada momento el universo se aniquila y otro que se le parece ocupa su sitio. Con cada «aliento» nace y muere; y después vuelve a nacer. La expansión y la contracción ocurren en el mismo instante. Esto sugiere que el universo, como parte del cosmos, no es permanente. Constituye una serie de «accidentes» siempre cambiantes y siempre renovados por cada «aliento». En cada instante el universo desaparece y es sustituido por otro nuevo. Estas rápidas sucesiones engañan al espectador y hacen que crea que el universo tiene una existencia permanente:

> En cada momento se renueva el mundo, y no percibimos la renovación pues permanece igual en apariencia.
> (*Mathnawi, primera parte*, 1144)

Con cada «aliento» el universo se elimina totalmente y se vuelve a remodelar. Nace un nuevo universo. La eliminación y remodelación suceden simultáneamente. Es así como se transmiten instantáneamente entre sí los cambios en el universo y el macrocosmos. Por eso es necesario que el universo sea suprimido y renovado simultáneamente.

Es interesante observar que la física moderna ha confirmado dicha característica del comportamiento del universo. Se relaciona con el descubrimiento del efecto del entrelazamiento cuántico que, muy adecuadamente, Einstein llamó «espeluznante acción a distancia». El entrelazamiento cuánti-

---

[21] *Flashes of Light*, Nurudin Jami; traducido por E.H. Whinfield y Mirza Kazvini (Royal Asiatic Society, Londres, 1906, pág. 42). Versión en español: *Destellos de luz* (Editorial Sufi, 1993).

co permite que una cantidad de partículas se comporten como una sola, independientemente de la distancia que las separe. Las acciones que se realizan en una de ellas parecen influenciar instantáneamente a las otras, sin que haya comunicación física alguna entre ellas. Es decir, mediante el entrelazamiento es posible transferir instantáneamente propiedades clave de un sistema a otro. No obstante, este efecto solo puede tener lugar cuando estos sistemas (partículas) están correlacionados de una forma muy específica. Unos dispositivos cuánticos, llamados entrelazadores, consiguen partículas entrelazadas «espirándolas» a la vez. Así obtienen coherencia interna: se entrelazan.[22] Fue este, probablemente, el primer ejemplo en el que la combinación de un concepto místico y la investigación teórica condujo al nacimiento de un nuevo campo de la tecnología moderna: la fotónica cuántica, que proporciona la base para el desarrollo de las comunicaciones cuánticas, los dispositivos de teletransportación, la criptografía cuántica y los ordenadores cuánticos.

En este contexto, todo el universo puede compararse a un oscilador gigante, que oscila entre su estado inicial de ser un punto unidimensional y el estado de ser un campo de onda que contiene todo el universo con sus galaxias, estrellas y planetas. En cualquier momento dado, el universo solo manifiesta la parte de sí mismo que está dentro de las posibilidades disponibles. Es decir, salimos de un universo viejo y entramos en uno nuevo que es, estadísticamente, el más probable.

Cada nuevo universo es ligeramente diferente del anterior, porque crece de acuerdo con el patrón que esté operativo,

---

[22] *Applied Microphotonics*, W. Jamroz, et al., (CRC - Taylor & Francis, Boca Raton, FL, 2006, pág. 284).

proyectado desde el mundo de los símbolos. Su crecimiento está señalado por dos características, el alcance de las oscilaciones y la composición de las estructuras físicas de nueva aparición (como supernovas, agujeros negros, enanas blancas, gigantes rojas, etcétera, etcétera). El alcance de las oscilaciones define el tamaño del universo. La variedad de estructuras indica su madurez. El universo seguirá aumentando hasta que alcance su madurez completa.

En el marco de la estructura cosmológica general, las apariciones y desapariciones del universo son un reflejo de cambios ocurridos en el mundo de los símbolos. No hay nada en el mundo fenoménico que no tenga su forma original en el mundo de los símbolos. Es decir, toda la secuencia temporal debe obedecer el diseño construido en el macrocosmos. Esto significa que antes de que el universo llegara a existir, su destino estaba determinado con precisión.

El universo es como un organismo corpóreo situado temporalmente en el macrocosmos incorpóreo. Dentro del universo el tiempo tiene su presente, pasado y futuro. Desde la perspectiva del macrocosmos, estos tres estados son, en realidad, uno. El mundo de los símbolos se halla fuera de las limitaciones del tiempo ordinario. Un símbolo contiene toda la secuencia de desarrollo de una forma que aparece en el mundo físico. A medida que se proyecta un símbolo en el mundo físico, sus múltiples manifestaciones físicas se van desplegando parcialmente en el espacio-tiempo. Este despliegue parcial se presenta como una serie de muertes y nacimientos físicos de las versiones secuenciales de dicho símbolo:

Cada forma que ves tiene su arquetipo en el mundo sin lugar;
Si la forma muriera, no importaría, pues su original es eterno.[23]

Durante su existencia física, tales versiones desplegadas se van ajustando en concordancia con su patrón original. A cada momento, cada una de las formas físicas debe remodelarse para adaptarse gradualmente a su correspondiente símbolo original.

***

El campo de consciencia universal crea el universo material y define los límites del espacio-tiempo físico. El campo no es estático: oscila y se expande de acuerdo con la «respiración» del cosmos. Debido a estos límites espaciotemporales, las oscilaciones en la forma de las ondas se reflejan en vaivén, formando como resultado un conjunto de ondas estacionarias. Dentro de unos límites fijos, una onda estacionaria es una onda cuya amplitud es estable y no se mueve. Las localizaciones donde la amplitud de la onda estacionaria está en su mínimo se llaman nodos, y aquellas en las que está en su máximo se llaman antinodos. Las ondas estacionarias que se reflejan de vuelta del borde del espacio-tiempo forman diversos patrones. Como resultado, todo el campo de consciencia se divide en zonas delimitadas por líneas nodales. Los tamaños, formas y localizaciones de las zonas vienen determinados por los límites del espacio-tiempo y la «frecuencia» de las os-

---

[23] *Divan-e Shams-e Tabrizi*, Jalaluddin Rumi; traducido por R.A. Nicholson (Ibex Publishers, Inc., Bethesda, MD, 2001, pág. 47). Versión en español: *Diwan de Shams de Tabriz* (Editorial Sufi, 1995).

cilaciones; cuando esta aumenta, ocurren patrones más sofisticados que son moldes para diversas formas de materia.

Todo el proceso es similar a la formación de patrones de Chladni.[24] En mecánica cuántica, las figuras de Chladni («patrones nodales») han ayudado a encontrar soluciones a la ecuación de Schrödinger, una ecuación diferencial que describe la función de onda de un sistema mecánico cuántico. Las matemáticas que describen las figuras de Chladni se usaron para entender los orbitales de los electrones. Este proceso condujo a la comprensión de que la materia puede aparecer ya sea como partícula o como onda.

En el caso del campo de consciencia universal, cada una de las zonas nodales contiene una plantilla de las formas y propiedades complementarias de las «cosas». La aparición de la materia es el resultado del colapso de estos diversos patrones nodales. La presencia de la materia física confirma la existencia de los límites espaciotemporales: se necesitan para formar los patrones nodales; si no hubiera límites, la materia no se podría formar.

Según las teorías cosmológicas estándar, el Big Bang ocurrió hace unos 13.800 millones de años. Al principio, la energía física fue capturada por el primer conjunto de zonas nodales en el área más inferior del campo de consciencia. Al capturar la energía, las zonas nodales más simples se colapsaron y formaron las partículas elementales, la primera capa física de la materia. Las formas y propiedades de estas partículas estaban determinadas por las plantillas correspondientes en el mundo de los símbolos. Es decir, la matriz dentro del mundo

---

[24] Nombrados en honor a Ernst Chladni (1756-1827), físico y músico alemán.

de los símbolos actuó como «observador» del universo. Se calcula que el universo inicial se formó en el primer picosegundo (la billonésima parte de un segundo) después del Big Bang. Este periodo se denomina tiempo de Planck. Los físicos creen que en ese tiempo las fuerzas fundamentales que dan forma a nuestro universo: la gravedad, el electromagnetismo, la fuerza nuclear débil y la fuerza nuclear fuerte, estaban combinadas y constituían una fuerza unificada.[25] Un segundo después del Big Bang, el universo contenía principalmente fotones, electrones, protones y neutrones. Estas partículas se convirtieron en los componentes básicos de los átomos y las moléculas.

Después, se inició una segunda serie de oscilaciones en la zona más inferior del campo de consciencia, que se superpusieron a las primeras. El solapamiento produjo zonas nodales del campo de consciencia más sofisticadas que, esta vez, formaron las plantillas de los átomos más pequeños. Se calcula que este segundo impulso sucedió unos cien segundos después del Big Bang. Fue entonces cuando los protones y neutrones empezaron a combinarse para producir los núcleos de los átomos más pequeños. Aparecieron el hidrógeno y el deuterio, que fueron los primeros elementos y los más simples, precursores de todo el conjunto de elementos químicos.

---

[25] Crear un modelo de tal única fuerza unificada es quizás la mayor meta de nuestros físicos teóricos actuales. No obstante, la realidad es que las fuerzas fundamentales estaban unidas en su fuente original situada en el mundo de los símbolos, es decir, fuera del mundo físico. Aparecieron como múltiples fuerzas cuando se proyectaron en el espacio-tiempo. Por eso a los físicos les resultará difícil construir un modelo fiel de una sola fuerza fundamental.

El siguiente incremento en la frecuencia de las oscilaciones del campo de consciencia tuvo lugar unos tres minutos más tarde. En ese momento, los protones y neutrones se fusionaron para hacer elementos más pesados, principalmente isótopos de helio. Unas horas después del Big Bang, se detuvo la producción de helio y otros elementos. Durante los siguientes cuatrocientos mil años, más o menos, el universo siguió expandiéndose hasta que se enfrió lo suficiente para que los átomos pudieran liberar fotones, que aún pueden detectarse en la actualidad como la radiación de fondo de microondas, que es el resto más antiguo del Big Bang que se haya llegado a observar.

Más tarde, a medida que las frecuencias del oscilante campo de consciencia iban aumentando en proporciones discretas, se formó un nuevo conjunto de zonas nodales con estructuras más avanzadas. Esta vez, los nuevos «compartimentos» llevaban las formas de átomos más pesados. Su formación y aparición seguía una pauta específica que algunos científicos descubrieron y reprodujeron como la tabla periódica. De nuevo, con los siguientes incrementos en las frecuencias de oscilación del campo, las recién formadas zonas nodales proporcionaron las «trampas» para moléculas y compuestos más elaborados. Es decir, el campo oscilante de consciencia universal proveyó los patrones para todo el mundo físico, con sus galaxias, estrellas y planetas. El Sol se formó hace unos cinco mil millones de años a partir de una nube rotatoria de gas. Los elementos más pesados de la nube quedaron atrapados en las zonas nodales que suministraron los patrones de los planetas que orbitan alrededor del Sol. La Tierra fue uno de ellos.

El universo que se puede observar actualmente está contenido en una fracción de la zona más baja del campo de consciencia universal. La región de sus oscilaciones se extiende desde el punto inicial hasta su tamaño actual. El límite del tamaño del universo no se puede detectar aún, en la actualidad; se sigue expandiendo.

Toda el área del campo más inferior de consciencia, con sus zonas nodales, puede compararse a un rompecabezas con forma de caja multidimensional. Cada zona nodal dentro de esa caja es como un compartimento vacío. Con cada nuevo «aliento» nuevas piezas llegan a existir colapsándose en los compartimentos disponibles. Lo que significa que a cada aliento solo se está poblando una fracción de la caja: es la parte del universo observable. En el siguiente aliento, a medida que se expande el espacio-tiempo, hay más partículas y compuestos disponibles y se rellenan más compartimentos. Este proceso continuará hasta que todos los compartimentos estén llenos. En ese momento futuro, el universo habrá alcanzado su madurez.

La caja rompecabezas es la proyección física de la Esencia Pura. El campo circundante de consciencia puede considerarse el «alma» del universo. Todas las cosas creadas son el resultado de un intercambio entre los dos principios de esencia y consciencia. Se atraen entre sí con mucha fuerza; el «alma» reconoce la belleza de la «esencia». Cuando se unen, nace una nueva forma. Se pude considerar la caja rompecabezas, el campo circundante de consciencia y las cosas creadas como una forma física de la triplicidad original.

Sería difícil imaginar las formas de esa caja y, en especial, de sus compartimentos interiores; son el resultado de interacciones muy sofisticadas entre una serie de ondas estacionarias y los límites espaciales y temporales de la caja. No obstante, nuevos avances de los físicos teóricos pueden ayudarnos a captar mejor la forma de dicha caja. Concretamente, como ya se ha mencionado, las amplitudes de ciertas colisiones de partículas pueden estar codificadas en el volumen de un objeto geométrico parecido a un cristal. Contenidas en su volumen están las características más básicas del mundo físico que se puedan calcular, que representan la probabilidad de que ciertas partículas se transformen en determinadas otras al colisionar. Con este tipo de configuración se forman los compartimentos en la zona más baja del campo de consciencia universal. Estos compartimentos atraerían las capas más bajas de materia. Capas más complejas, como los átomos y las moléculas, estarían atraídos por formas más sofisticadas. Podemos imaginar que todo el universo puede estar representado por una inmensa estructura viviente similar a un cristal con un diseño interior increíblemente sofisticado y multidimensional.

***

La etapa crítica de la creación se inició cuando apareció la humanidad. Fue el final de la creación mecánica (involuntaria). El surgimiento de la humanidad estaba gobernado por las mismas leyes aplicadas al universo; las que se ajustan a las estadísticas de las posibilidades cuánticas. La humanidad concuerda con la zona nodal más elevada del universo. La probabilidad de que esa zona se forme es extremadamente baja, tanto que solo permite una sola ocurrencia. Tal zona se reduce al planeta Tierra. Esta determinada frecuencia del campo de consciencia no aparece en ningún otro lugar del universo; es única y específica de la Tierra.

El propósito de la creación del universo era proporcionar las condiciones necesarias para que apareciera la humanidad. Si la caja rompecabezas fuera una especie de mapa universal, la aparición del ser humano estaría indicada como una localización concreta del mapa. El hecho es que la humanidad apareció antes de que la caja estuviera llena, es decir, antes de que se trazara todo el mapa. Pero las leyes de la física estadística requieren que toda la caja esté completamente llena antes de que el universo entre en su fase de declive. Por eso no se detuvo la expansión del universo cuando surgió la humanidad. (Puede compararse a comprar un billete ganador de la lotería; el hecho de que se haya comprado no finaliza la venta de billetes; es la venta del resto de billetes lo que determinará el valor del ganador). Este periodo adicional proporciona una medida de seguridad, un margen de error. Teniendo en cuenta las características naturales del ser humano, era muy probable que no desempeñara plenamente su obligación evolutiva; no sería capaz de cumplir su potencial en el tiempo asignado. Después de todo, el proceso no tendría sentido si no se garantizara un cierto grado de libre albedrío. En este contexto, las posibilidades cuánticas disponibles son una medida del libre albedrío humano.

El diseño cósmico global tiene que dar cabida tanto a la causalidad como al libre albedrío. La causalidad, la causa y efecto en el nivel de la persona corriente, es el campo de operaciones de la Voluntad del Dominio. Cualquier ajuste del plan evolutivo se manifiesta en el nivel del hombre ordinario como una serie de oportunidades entrecruzadas que aparecen en diferentes lugares y momentos. Pero la elección depende del ser humano. No hay ninguna garantía de que cumplirá su función en el tiempo asignado.

No obstante, en algún punto, independientemente del estado evolutivo de la humanidad, todas las posibilidades dentro de la caja rompecabezas se rellenarán y, entonces, el universo empezará a desaparecer. Comenzando por las estructuras más complejas, todo irá desapareciendo hasta la nada. Toda la materia se desintegrará. El universo nació, se desarrolló y se apagará gradualmente.

Se podría preguntar: ¿será capaz la humanidad de llevar a cabo su función en el tiempo asignado? ¿Nos es posible calcular el estado del proceso con respecto al plan original?

La manifestación de los símbolos

El reino está dentro de ti y está fuera de ti.

(El evangelio de Tomás)

Había que crear el universo con objeto de garantizar las condiciones necesarias para que apareciera la vida, las cuales eran tan singulares y específicas que la probabilidad de que se formaran era increíblemente baja. Por tanto, el tamaño global del universo debía ser tan grande como para proporcionar las estadísticas suficientes que aseguraran la formación de la vida orgánica.

El mundo físico empezó a existir como resultado de varios incrementos de las «frecuencias» de las oscilaciones del campo de consciencia universal. Tales frecuencias se superponen a una onda portadora que cubre todo el universo y determina su tamaño físico. Los aumentos discretos tenían carácter cualitativo y eran necesarios para albergar el ascenso gradual, desde las formas más bajas de materia hasta las más elevadas, desde el *punto unidimensional* hasta el ser humano. El crecimiento y expansión del universo comprendía la creación progresiva de la materia en su diversidad de formas: estrellas, galaxias, planetas y la Tierra. Los aumentos discretos eran como los escalones iniciales de una escalera evolutiva.

Según los textos sagrados, hubo seis etapas que llevaron a la aparición del hombre en la Tierra. La secuencia que condujo al surgimiento de la humanidad se describe en el primer capítulo del *Génesis*. El primer versículo se refiere a la creación de la Tierra:

En el principio creó Dios los cielos y la tierra.
(*Génesis* 1:1)

De acuerdo con el modelo del Big Bang, la Tierra se formó hace unos 4.500 millones de años, aproximadamente un tercio de la vida del universo. Se hizo por la acumulación de una nube de polvo remanente de la formación del Sol, y en ese momento su temperatura era muy elevada y carecía de atmósfera. La mayor parte de la Tierra estaba fundida debido a las colisiones con otros cuerpos, que provocaron un vulcanismo extremado. Dada la emisión volcánica de gases, con el tiempo adquirió una atmósfera, que no contenía oxígeno, sino principalmente gases tales como el sulfuro de hidrógeno. El *Génesis* se refiere a esta fase de la creación como la segunda etapa del proceso (el «día segundo»):

> Dijo Dios: «Haya un firmamento por en medio de las aguas, que las aparte unas de otras». E hizo Dios el firmamento; y apartó las aguas de por debajo del firmamento, de las aguas de por encima del firmamento. Y así fue. Y llamó Dios al firmamento cielos. Y atardeció y amaneció: día segundo.
>
> (*Génesis* 1:6-8)

Aunque la Tierra parece estar situada muy lejos del centro del universo, en realidad está localizada en su zona nodal más sutil. Esta región ofrece todas las condiciones físicas necesarias para la aparición de la vida orgánica. Es decir, la zona nodal en la que se creó la Tierra era la más sofisticada del universo.

A medida que la Tierra se iba enfriando, se generó una corteza sólida, y también se formaron las nubes. Las lluvias hicieron aparecer los océanos.

Dijo Dios: «Acumúlense las aguas de por debajo del firmamento en un solo conjunto, y déjese ver lo seco»; y así fue. Y llamó Dios a lo seco tierra, y al conjunto de las aguas lo llamó mares.
(*Génesis*, 1:9-10)

Tras la formación del mundo mineral, el campo de consciencia en el que estaba situada la Tierra se puso en un modo más elevado. Formó un nuevo conjunto de zonas nodales que contenían los minerales más refinados y escasos. Las primeras formas de vida aparecieron dentro de estas zonas. El primer indicio de vida data de hace 3.500 millones de años. Estas formas primitivas podían regular su nutrición y crecimiento y se denominaron macromoléculas. Consumían sulfuro de hidrógeno y liberaban oxígeno, lo cual fue cambiando gradualmente la atmósfera hasta que adquirió su composición actual, permitiendo el desarrollo de otras formas de vida. Fue el principio de las plantas y la vegetación. Corresponde al «día tercero» del proceso:

> Dijo Dios: «Produzca la tierra vegetación: hierbas que den semillas y árboles frutales que den fruto, de su especie, con su semilla dentro, sobre la tierra». Y así fue. La tierra produjo vegetación: hierbas que dan semilla, por sus especies, y árboles que dan fruto con la semilla dentro, por sus especies; y vio Dios que estaban bien. Y atardeció y amaneció: día tercero.
> (*Génesis* 1:11-13)

Estando la Tierra en esta temprana fase, se formó la Luna, debido a una colisión con un cuerpo celeste del tamaño de un planeta.

> Hizo Dios los dos luceros mayores; el lucero grande para que señorease el día, y el lucero pequeño para que señorease la noche /.../
> Y atardeció y amaneció: día cuarto.
>
> (*Génesis* 1:16-19)

Cuando las plantas y la vegetación pudieron crecer y multiplicarse, tuvo lugar el siguiente aumento de la frecuencia del campo de consciencia. Esta vez las nuevas zonas nodales recién formadas permearon los organismos vegetales más refinados. El efecto fue producir sensaciones y movimientos voluntarios, lo que condujo a la aparición del reino animal:

> Dijo Dios: «Bullan las aguas de animales vivientes, y aves revoloteen sobre la tierra en el firmamento celeste».
> Y creó Dios los grandes monstruos marinos, y todo ser viviente que se mueve, que las aguas produjeron abundantemente según su género, y toda ave alada según su especie. Y vio Dios que era bueno.
> Y bendíjolos Dios diciendo: «Sed fecundos y multiplicaos, y henchid las aguas en los mares, y multiplíquense las aves en la tierra.»
> Y atardeció y amaneció: día quinto.
>
> (*Génesis* 1:20-23)

Hace 500 millones de años hubo una proliferación masiva de diversidad animal, que se conoce como la explosión cámbrica, cuando aparecieron formas primitivas de vida como medusas, esponjas, algas, anémonas, gusanos y artrópodos.

Después del surgimiento del mundo animal, el incremento de frecuencia de las oscilaciones del campo de consciencia impregnó los organismos animales más refinados y el resultado fue la aparición de la humanidad con sus facultades ordinarias de intelecto, corazón y ego. Estas tres facultades constituyen una versión inferior de la triplicidad original. En este sentido se hizo al hombre «a nuestra semejanza»:

> Y dijo Dios: «Hagamos al ser humano a nuestra imagen, conforme a nuestra semejanza; y señoree en los peces del mar, en las aves de los cielos, en las bestias, en toda la tierra, y en todo animal que se arrastra sobre la tierra.
> Creó, pues, Dios al ser humano a imagen suya, a imagen de Dios le creó, macho y hembra los creó.
> (*Génesis* 1:26-27)

De este modo, las gradaciones de las diversas formas de vida se produjeron por una serie de ajustes del campo de consciencia universal. La Tierra proporcionó todas las condiciones necesarias para que surgiera el hombre. El campo de consciencia de la Tierra suministró los límites para que se formaran las zonas nodales en las que podían aparecer vegetación y animales. Es decir, este entorno «natural» en concreto era necesario como base para que la raza humana emergiera y se sustentara. La humanidad fue la última etapa de la creación en el mundo físico.

La formación de la humanidad concluyó la fase mecánica del proceso. Según algunas referencias místicas, llevó a la aparición simultánea de una multitud de humanos en diversas áreas geográficas. Por ejemplo, uno de los dichos de Mahoma se refiere a ello como la aparición de «cien mil adanes».[26] Se-

---

[26] *The Meccan Revelations - Volume I*, Ibn Al 'Arabi; editado por Michel Chodkiewicz (Pir Press, Nueva York, 2002, pág. 338).

gún la ciencia, estos hombres (homo sapiens) aparecieron hace entre 800.000 y 300.000 años, pero la formación final del cerebro humano ocurrió hace solo unos 40.000 a 60.000 años. Lo que significa que se tardaron más de 700.000 años en llenar la zona nodal específica que funciona como plantilla de la humanidad. La ciencia ha interpretado este ajuste gradual a la zona nodal de consciencia como la adaptación del ser humano a su entorno exterior.

Después de la aparición del ser humano, «reposó al día séptimo»; esta parte del proceso estaba consumada.

Y acabó Dios en el día séptimo la obra que hizo; y reposó el día séptimo de toda la obra que hizo.
(*Génesis*, 2:2)

Parecía que todo estaba hecho y preparado para transferir al ser humano las responsabilidades de continuar el proceso de la creación. Sin embargo, la transferencia no tuvo lugar en ese momento. Aunque la humanidad había aparecido en la Tierra en su forma física, no estaba lista todavía para su función evolutiva; había aparecido con su forma física completa, pero su mente estaba incompleta. El ser humano se hallaba equipado con las facultades necesarias, sin embargo, estas estaban en forma latente. Aunque se le hubiera informado sobre ellas y sobre su utilización, era incapaz de activarlas o de usarlas correctamente. En su estado natural, el hombre no estaba preparado para su misión. Hacía falta algo más.

Quedaba una cosa por hacer antes de que el ser humano pudiera iniciar su participación en el proceso.

La mente humana

La diferencia entre toda la evolución hasta el momento y la necesidad actual de evolución es que, en los últimos diez mil años, más o menos, se nos ha dado la posibilidad de evolucionar conscientemente. Esta inusitada evolución es tan esencial que nuestro futuro depende de ella.
(Idries Shah)

La mente humana es el reflejo del macrocosmos, por tanto, familiarizarse con este ayuda a desplegar la estructura interior de la mente.

Recordemos que el nivel inmediatamente inferior al Absoluto se describe como el Dominio; es la capa superior del macrocosmos y emana un programa para la evolución de la humanidad. Este programa o matriz es como el ADN de la mente humana, que debe absorberse, digerirse y, después, emularse. Los elementos de la matriz se codifican en el campo de consciencia universal que luego desciende por los diversos estratos del macrocosmos hasta el nivel del hombre corriente.

La historia de Jacob en el *Génesis* puede servir como ilustración de este proceso. He aquí una versión de ella que incluyó Shakespeare en *El mercader de Venecia*:

> ... observad lo que hizo Jacob. Cuando Labán y él acordaron que todos los corderos que nacieran moteados o con rayas serían el salario de Jacob, y al final del otoño las ovejas fueron en busca de los machos, y la obra de reproducción de estos lanudos animales estaba tenien-

do lugar, el hábil pastor peló ciertas ramas y, mientras se reproducían, las puso ante las ovejas en celo que concibieron, y en la época de parir dieron corderos de varios colores, y esos fueron para Jacob.
(*El mercader de Venecia*, I.3)

En esta historia Jacob usó ramas parcialmente peladas que puso ante las ovejas y, como resultado, estas parieron corderos moteados. De acuerdo con el contrato que tenía con Labán, todos los corderos moteados eran propiedad de Jacob. Podemos reconocer que el ángel (que inspiró a Jacob en la historia original), Jacob, las ovejas preñadas y los corderos representan el Dominio, el mundo de las ideas, el mundo de los símbolos y el mundo físico, respectivamente. Las ramas peladas simbolizan la matriz evolutiva proyectada desde el Dominio que, en concordancia con la Voluntad del Absoluto, debía implementarse en el mundo físico, es decir, al nivel del hombre corriente. La matriz (el diseño rayado de las ramas peladas) se filtra desde el Dominio (el ángel), a través del mundo de las ideas (Jacob) y el de los símbolos (las ovejas preñadas) hasta que llega al mundo del humano ordinario (los corderos). Así puede actualizarse la Voluntad del Absoluto en las personas corrientes. De este modo se puso a disposición de la humanidad una escalera evolutiva (*la escala de Jacob*) y, subiéndola, el hombre puede ascender de su estado ordinario, animal, y dirigirse hacia el Absoluto, cumpliendo, por consiguiente, su propósito fundamental.

En cada etapa descendente la matriz se va velando parcialmente, lo cual es necesario para llevar sus elementos esenciales hasta abajo, al mundo físico de sentidos inferiores. (Los científicos llaman al «velado» de los grados inferiores de consciencia «el principio de no localidad velada»). Esto hizo que la situación del futuro observador supusiera un gran desafío. No solo se esperaba de él que reconociera la matriz desde su entorno inferior, sino que, con increíble esfuerzo personal, debía activar un conjunto de facultades interiores dentro de su mente que le permitirían superar sus limitaciones naturales.

El modo de operar del macrocosmos indica que cada uno de los procesos dentro del mundo físico ocurre en concordancia con el estado del campo de consciencia universal. Las diversas partículas elementales, el reino vegetal, el animal y la humanidad son todos como órganos constitutivos de un inmenso cuerpo cósmico. Todos están sometidos a un solo plan, en el que la estructura interna de la mente humana es una proyección de los diversos estratos del macrocosmos. Por eso la mente humana puede denominarse microcosmos. Esto concuerda con el concepto establecido por Hermes Trismegisto en *La tabla esmeralda*:

Lo que está abajo es como lo que está arriba, y lo que está arriba es como lo que está abajo, para llevar a cabo los milagros del Uno.[27]

A lo largo de varios miles de millones de años se ha desarrollado en la Tierra un proceso de vida que ha culminado con la aparición del ser humano. La formación de la humanidad se ha logrado mediante varios modos ascendentes de oscilaciones del campo de consciencia universal. Los diversos modos se activaron sucesivamente en distintos momentos históricos, cada uno con una potencialidad de desarrollo más elevada que el anterior. Cada oscilación tenía una frecuencia más alta. Dichos modos pueden denominarse arbitrariamente

---

[27] Citado en una traducción de Isaac Newton en *The Chymistry of Isaac Newton* (Keynes MS. 28, King's College Library, Cambridge University).

como el *constructivo*, el *vital*, el *automático* y el *racional*. A medida que cada uno fue entrando en funcionamiento se produjo la progresión de la molécula al hombre. El nacimiento de cada humano es una secuencia comprimida de esta progresión.

El primer modo de estas oscilaciones, el *constructivo*, llevó a la creación de la forma mineral: el hombre se concibió a partir de un coágulo de sangre. Más tarde, el modo *vital* transformó la forma mineral inicial en una vegetal: en el útero de su madre era capaz de regular su nutrición y crecimiento. Seguidamente llegó el modo *automático*: después de nacer experimentó la forma animal adquiriendo sensaciones y movimientos voluntarios.

Así describió el proceso Jalaluddin Rumi, un poeta persa del siglo XIII:

> Primero entró en la clase de las cosas inorgánicas, y del estado de lo inorgánico pasó al estado vegetal. Durante años vivió como una de las plantas y no recordaba nada del estado inorgánico anterior; y cuando pasó del vegetal al estado animal, no se acordaba en absoluto del estado vegetal salvo por una propensión que sentía hacia él, especialmente en la estación de la primavera le atraían los árboles verdes y el aroma de las flores.
>
> De nuevo se le condujo del estado animal hacia la humanidad. Así avanzó de un mundo de ser a otro, hasta que llegó a ser inteligente y racional. No tiene recuerdo de sus estados previos. Durante esos periodos el hombre no sabía dónde iba, no obstante, se le llevaba por un largo viaje.
>
> Desde su estado actual tiene que continuar la migración, para que pueda escapar de su racionalidad e inte-

lectualidad, movidas en gran parte por la codicia y el egoísmo.
Hay cien mil estados más maravillosos ante él. Se durmió y olvidó el pasado. Este mundo es el sueño y las fantasías del durmiente. Hasta que súbitamente surgirá el amanecer de la muerte y se le librará de la ignorancia.
(*Mathnawi, cuarta parte*, 3637-55)

El modo *racional* llevó a la aparición de la capa ordinaria de la mente humana, la mente racional, que es un componente terrestre, natural. Su operación está limitada a los sentidos físicos y el cuerpo la adquiere con la primera respiración. El rey Lear de Shakespeare la describe de esta forma:

Cuando nacemos, lloramos por haber llegado a este gran escenario de necios.
(*El rey Lear*, IV.6)

Puede considerarse que la mente *racional* es como una sustancia sutil que posee la capacidad de nutrirse, crecer y percibir sensorialmente. Esta parte de la mente es la fuente de la vida del cuerpo. Por consiguiente, cuando está separada de él, causa su muerte (en ese estado se la suele llamar «el alma natural»). Cuando el cuerpo muere y se desintegra, la mente racional atraviesa un proceso similar de disolución. Esta sustancia sutil tarda un tiempo en disiparse, después de separarse del cuerpo, pero acaba desapareciendo por completo.

La mente racional se compone de las facultades ordinarias del hombre: *intelecto*, *corazón* y *ego* que gobiernan su vida física, emocional e intelectual. En la estructura jerárquica de la mente, son el nivel inferior: el estado natural de la mente. Estas facultades ordinarias son la forma más baja de la triplicidad original que tiene el ser humano.

La mente natural o racional se centra en la supervivencia del humano, así como en sus deseos y búsqueda del placer, ambición y autoimportancia, todo ello objetivos de la *facultad ego*.

La *facultad corazón* alberga deseos y emociones, como apegos sensuales y odio, valentía y cobardía, formar una intención y llevar a cabo una acción determinada.

Las cualidades que se atribuyen a la *facultad intelecto* son la comprensión y el conocimiento, la capacidad de percibir, de recordar cosas del pasado y planear para el futuro.

Por cuestiones de método, se ha determinado arbitrariamente la posición de las facultades ordinarias en el cuerpo humano.[28] La facultad ego permea todo el cuerpo, pero su zona nodal está firmemente enraizada en el hígado; la facultad corazón está presente en todo el cuerpo, pero se arraiga en el corazón físico; y la facultad intelecto también ocupa la totalidad del cuerpo, pero radica en el cerebro. El duque Orsino de Shakespeare se refiere a esta estructura como sigue:

> ¡Cómo amará cuando la rica flecha de oro haya matado al rebaño de los otros afectos que en ella viven; cuando el hígado, el cerebro y el corazón, estos tronos soberanos, se hallen todos provistos y sus dulces perfecciones estén llenas de un ser rey!
> (*Noche de epifanía*, I.1)

---

[28] *The Sacred Knowledge*, Shah Waliullah (The Octagon Press, Londres, 1982, pág. 16).

La suma total de las relaciones entre estas tres facultades conforma el carácter y personalidad de un individuo.

En su estado normal, la facultad ego domina a la mente racional y somete a las facultades corazón e intelecto, ambas empleadas para satisfacer al ego. Tal comportamiento socava y contamina el adecuado funcionamiento del intelecto y el corazón. En semejante estado el hombre no puede usar plenamente su potencial. La mente natural es estéril a efectos de desarrollo; es incapaz de tomar parte activa en la creación. En su estado natural, las facultades son una forma degenerada de la triplicidad original.

Dentro de la estructura general, las facultades ordinarias del ego, corazón e intelecto forman el límite superior de consciencia del mundo físico; la mente racional opera íntegramente en el mundo corpóreo. La *mente racional* fue el último y más elevado modo de oscilación que se activó en el espacio-tiempo. Fue la última etapa de la creación mecánica cuyo proceso se completó cuando apareció. En este punto, como se lee en el *Génesis*, el Absoluto «reposó»:

Y reposó el día séptimo de toda la obra que hizo.
(*Génesis*, 2:2)

Para activar sus potencialidades evolutivas latentes, el hombre necesita exponerse a los modos de oscilación del campo de consciencia disponibles en el macrocosmos. Solo puede activar o «despertar» su potencial interior poniendo con habilidad su mente en resonancia con estos modos elevados. Pero en su estado natural ni siquiera es capaz de alcanzar la zona intermedia entre lo visible y lo invisible; ni siquiera es consciente de su potencialidad. Entonces, ¿cómo puede esperarse que salga de esta situación aparentemente imposible?

La situación es el resultado de conceder el libre albedrío a la humanidad. Depende del ser humano intentar hacer el esfuerzo, evitando de este modo la extinción y prolongando su existencia. Pero esta no es la evolución como se entiende generalmente. Es una evolución deliberada; requiere la participación consciente del hombre en el proceso creativo. Él tiene que elegir.

Primero el ser humano debe prepararse para semejante «viaje».

El primer requisito es reorganizar la jerarquía interna de su mente racional y esta reorganización es un proceso en dos pasos. El primero se consigue cuando la facultad intelecto controla a las otras dos. El segundo exige que las relaciones interiores se reajusten de forma que el intelecto controle a la facultad corazón y esta gobierne al ego. De la combinación de estos dos grados de control pueden resultar etapas de desarrollo.

Hay una antigua parábola que puede explicar la función de la correcta alineación. Por tanto, se puede describir el proceso de evolución de la mente humana como una interacción entre las facultades ordinarias y los modos elevados de las facultades ordinarias. En ella se compara a la estructura interna de la mente con un carro.

Un conductor se sienta en un carro llevado por un caballo. El carro es la facultad-ego, la forma externa que le permite al conductor moverse hacia su objetivo. El caballo, que es la fuerza motriz que permite plasmar una intención y ejecutar una acción determinada, representa la facultad-corazón. El conductor encarna la facultad-intelecto que es la que de una manera superior percibe el propósito y la oportunidad de la situación y posibilita que el carro se mueva hacia delante y alcance su objetivo. Uno de los tres, por sí sólo, podrá cumplir su limitada función. Sin embargo, la función combinada de llegar a su destino no puede ejecutarse a menos que las tres facultades estén alineadas de modo correcto.[29]

Podemos reconocer que tal organización del intelecto, corazón y ego es un reflejo terrestre de la triplicidad original. Este tipo de «carro» es el que puede llevar al ser humano en un viaje cósmico. Es el primer paso en la preparación para el viaje por la consciencia cósmica y es el foco y objetivo de las religiones convencionales. Las religiones ofrecen diversas prescripciones y prácticas para someter al ego.

A diferencia del ego, el intelecto y el corazón no son homogéneos; están compuestos por una estructura interna de múltiples capas que se denominan facultades interiores de la mente y que, en el estado natural de la mente, permanecen latentes. Pueden activarse cuando se encuentran en resonancia con determinados modos elevados del campo de consciencia universal. Por tanto, se puede describir el proceso de evolución de la mente humana como una interacción entre las facultades ordinarias y los modos elevados del campo de consciencia universal. Cuando las facultades ordinarias están en resonancia con las oscilaciones macrocósmicas, se desdoblan y así se despliega su estructura interna más sutil. Puede compararse al desdoblamiento de orbitales atómicos que, en

---

[29] Esta versión se basa en «The Chariot», una parábola incluida en *Tales of the Dervishes*, Idries Shah (The Octagon Press, Londres, 1982, pág. 207).

su forma natural, permanecen degenerados. Cuando se exponen a un potente campo magnético externo, se desdoblan en varios subniveles de acuerdo con sus funciones de onda características.

En el caso de la mente humana, los modos elevados del campo de consciencia corresponderían a los campos magnéticos intensos de la analogía anterior. Sin embargo, los modos elevados no operan en el espacio-tiempo; solo están disponibles en las diversas zonas del macrocosmos, es decir, por encima de la zona intermedia. Lo cual hace que la situación del ser humano suponga un considerable desafío. Pero déjemosle aquí de momento, mientras estudia sus opciones. Ahora mismo está *dormido* en cuanto a su potencial evolutivo; todavía no está preparado para embarcarse en su viaje. En este punto su situación se parece a la de Hamlet, que también medita sobre sus opciones de «ser o no ser». El «ser» de Hamlet significa «morir, no más dormir».[30] En este contexto «morir» significa *despertarse del sueño* armándose «contra un mar de problemas»:

> Ser o no ser, ésa es la cuestión: ¿es más noble en la mente recibir los golpes y dardos de la atroz fortuna o armarse contra un mar de problemas y, oponiéndose a ellos, terminarlos? Morir, no más dormir.
> (*Hamlet*, III.1)

Mientras tanto, exploremos el mundo interior escondido en las capas profundas de la mente humana.

---

[30] Algunos editores de Shakespeare varían la puntuación de esta frase a sustituyendo la coma por dos puntos o raya.

***

El desvelamiento de las capas internas de la mente es un proceso de múltiples pasos, en cada uno de los cuales se activa una capa sutil de la facultad intelecto o corazón. El proceso de activación de dichas capas constituye el viaje del hombre a través de los diversos estratos de la consciencia cósmica.

Tal viaje puede iniciarse mediante el desvelamiento de las capas sutiles de la facultad intelecto (el camino del intelecto) o de la facultad corazón (el camino del corazón). La elección viene determinada por la predisposición inicial de la persona.

La primera capa sutil está velada dentro de la facultad corazón. Se puede activar cuando la mente se expone al campo de consciencia dentro del mundo de los símbolos. Es el primer paso en el ascenso al macrocosmos. Esta primera capa se llama el Espíritu.[31] La facultad ordinaria del corazón está impulsada por apegos y añoranzas terrenales. Cuando se desapega de estas cadenas terrestres, se puede activar el Espíritu, mediante el cual el viajero es capaz de formar un deseo supremo. Esto hace que todo lo demás sea de importancia secundaria. Debido a su inclinación hacia el objetivo supremo, el Espíritu hace caso omiso de toda clase de complacencias motivadas por el ego. Acerca al viajero a su último objetivo, le permite experimentar cercanía a él. Cuando se activa, el Espíritu se convierte en una parte supracorpórea de la mente.

---

[31] Los términos que se emplean aquí para designar las facultades interiores (Espíritu, Secreto, Misterioso, Escondido y Supracognitivo) son arbitrarios. Diversos autores usan distintos términos. No obstante, lo que importa es su relación con las facultades ordinarias, su jerarquía interna y las formas de sus manifestaciones.

La capa sutil de la facultad intelecto se llama el Secreto, y aparece cuando el intelecto se libera de sus inclinaciones terrenales. El Secreto se manifiesta como una certeza intuitiva sobre ciertos episodios y ocurrencias, sin que uno sepa cómo ha llegado a ella. A través de esta facultad, la mente se ve inundada en ocasiones con imágenes y visiones. Es esta facultad la que permite predecir e incluso influir en ciertos sucesos futuros. Mediante su funcionamiento, el viajero también puede ver en las mentes de otros y acceder a pensamientos no expresados. En este punto la «creencia» se funde con el «conocimiento». Cuando se experimenta algo, no hay necesidad de creer.

Igual que el Espíritu, el Secreto es supracorpóreo. Esta facultad de la mente y sus experiencias no se pueden comprender con el intelecto ordinario. El intelecto tiene un área dentro de la cual puede vagar y esforzarse, pero que no puede traspasar; no tiene acceso a las condiciones que existen fuera de la limitada percepción espaciotemporal. Si el intelecto se mueve más allá del ámbito de lo que puede percibir, se confunde. Por supuesto, no es así como percibe la situación el intelecto; de hecho, lo niega rotundamente.

El Espíritu y el Secreto forman la *mente creativa*, que a veces se denomina el alma creativa y que opera dentro de los diversos niveles del mundo de los símbolos. En la mente natural el Espíritu y el Secreto están velados. El velo lo impone la zona intermedia interna que está dentro de la mente y separa el mundo físico de los mundos invisibles. Lo que significa que, mediante la activación del Espíritu y el Secreto, el hombre puede atravesar la zona intermedia y entrar en los niveles inferiores del mundo de los símbolos. El Espíritu y el Secreto son las primeras experiencias de un viajero que supera las limitaciones impuestas por la corporeidad. Como se ha recalcado anteriormente, estas capas sutiles son una capa más refinada de consciencia entretejida en la mente humana.

Tras experimentar las diversas subcapas del Espíritu y el Secreto, el viajero está preparado para entrar en el mundo de las ideas. Puede entonces ser expuesto a modos de oscilación del campo de consciencia universal más elevados. Tal exposición conduce a la activación de la siguiente capa de la estructura interior de la mente, llamada *mente sublime* o alma sublime. Se compone de facultades ocultas que permiten al viajero explorar los diversos aspectos del mundo de las ideas, limpiando así su mente, de manera gradual, de los residuos terrenales remanentes.

Hay innumerables subcapas en los mundos de las ideas y de los símbolos. A veces se emplea el número «noventa y nueve» para denotar los diversos nombres de las capas internas. Esta representación simbólica indica que uno debe experimentar «noventa y nueve» estados y, en consecuencia, el número «cien» señala que esta determinada etapa del viaje se ha completado.

Estando en el mundo de las ideas la mente es una combinación de las partes *racional*, *creativa* y *sublime*; la proporción será diferente para cada viajero. Dependiendo de la fuerza relativa de las partes creativa y sublime, el viajero se verá expuesto a distintas experiencias.

En determinado momento el viajero puede ser capaz de percibir la presencia de una mota brillante profundamente oculta en medio de su mente. Es el primer encuentro del viajero con el «punto» de la fórmula mística. Este «punto» es la proyección del *Intelecto Puro*, una muestra del Absoluto que se dejó en la mente humana. Es entonces cuando se comienza a percibir la presencia del Arquitecto Primordial. El «punto» es lo que hace al hombre «a nuestra semejanza»:

> Hagamos al ser humano a nuestra imagen, conforme a nuestra semejanza.
> (*Génesis* 1:26)

Una característica del Absoluto es que en una fase se halla totalmente absorto en autocontemplación mientras que, en otras fases, a pesar de su pureza, desciende al nivel más profundo de la mente humana. No obstante, en ese descenso no pierde nada de su pureza.

De modo que cuando un viajero se sumerge en contemplación profunda, en los confines de su visión está ese «punto» esencial brillante. Imagina que el punto se encuentra en el centro de su propio ser interior, pero de hecho el «punto» reside en una morada gloriosa.[32] A medida que el viajero prosigue su viaje hacia el Dominio, el «punto» se va haciendo mucho más brillante. Su brillo depende de la pureza de la mente. Si quedan rastros terrenales, el viajero podrá percibir la presencia del «punto» pero no será capaz de visualizarlo. Esto concierne a una situación en la que la parte creativa de la mente es dominante. Si el viajero sigue el camino del corazón, la presencia del «punto» conducirá a la activación de la facultad oculta llamada el Misterioso. La facultad misteriosa se caracteriza por una paz y tranquilidad indescriptibles. El viajero que lo experimenta se libera de deseos y dependencia. Descubre la inutilidad de permitirse experiencias extáticas

---

[32] *The Sacred Knowledge*, Shah Waliullah (The Octagon Press, Londres, 1982, pág. 69). (Ver nota 27).

asociadas al Espíritu, que pueden intoxicar, pero no elevan al viajero a un estado superior. El viajero debe superar este atractivo para separarse por completo del mundo físico. Mediante la facultad misteriosa el viajero puede obtener permanencia en el mundo de las ideas.

Si el viajero sigue el camino del intelecto, la presencia del «punto» conducirá a la activación de otra facultad oculta llamada el Escondido. La facultad escondida permite contemplar el mundo de las ideas, comprenderlo, estar presente ante él y obtener de él conocimiento profundo. Hay una diferencia entre la contemplación que se experimenta por la facultad escondida y la certeza que fluye hacia la facultad secreta: en el primer caso la contemplación tiene lugar en presencia de lo buscado, mientras que la certeza de la facultad secreta significa certeza de cosas ausentes y reconocimiento de lo invisible. La facultad escondida puede conducir a la aniquilación del viajero en el mundo de las ideas. Obtiene permanencia cósmica.

Y luego hay otra posibilidad. Ocurre cuando las facultades sutiles y ocultas están reunidas según un patrón específico. Es entonces cuando las cuatro facultades interiores, el Espíritu, el Secreto, el Misterioso y el Escondido pueden operar armónicamente de forma unida y equilibrada y pueden ponerse en resonancia con la oscilación del Dominio. Entonces, aparece entre ellas una nueva facultad de percepción. Esta quinta facultad se denomina el Supracognitivo:

> Pues hay cinco árboles en el paraíso para vosotros; no cambian, ni en invierno ni en verano, y sus hojas no se caen. Quien los conozca no probará la muerte.
>
> (*El evangelio de Tomás*, 19)

En algún punto, la mente sublime puede separarse completamente de la mente creativa. Es entonces posible que la facultad misteriosa y la escondida estén en perfecta armonía con la supracognitiva. En ese estado se hallan perfectamente equilibradas: ninguna domina a las otras. Las tres componen la forma más elevada de la triplicidad ascendente.

En el nivel más elevado de su manifestación, la facultad supracognitiva puede alzarse agitada y arrancar los residuos del velo. Entonces puede dominar por completo toda la mente. La facultad supracognitiva se transmuta en Intelecto Puro. En tal estado todo lo demás se aniquila y no queda más que Intelecto Puro. En ese momento, la triplicidad ascendente coincide con la original: se convierte en parte del Dominio. A esta triplicidad Jesús la llamaba el «Padre» (Esencia Pura), el «Espíritu Santo» (el modo más elevado del campo de consciencia universal) y el «Hijo» (Intelecto Puro). Es entonces cuando se logra la síntesis divina. El viajero queda aniquilado en el «punto»; se convierte en parte de la triplicidad original, queda absorbido en el Dominio. Hallándose en ese estado, el viajero obtiene conocimiento y comprensión totales. Alcanza la etapa de compleción y perfección. Se une al Absoluto. Se completa el bucle ascendente de la creación que se inició con el Big Bang. Tal estado está más allá de cualquier descripción o entendimiento. Esta experiencia pertenece al Hombre plenamente realizado.

El viaje por las diversas facultades sutiles y ocultas fue ilustrado simbólicamente por Fariduddin Attar, un poeta persa del siglo XII, en su cuento llamado *El coloquio de los pájaros*, en el que la abubilla, su guía, convoca a los pájaros. La abubilla propone que comiencen la búsqueda de su misterioso Rey, llamado Simurgh, que vive en las montañas de Kaf. La abubilla explica a los pájaros que, en su búsqueda, tienen que atravesar siete valles. Cada uno de ellos representa uno de los estados asociados a las facultades sutiles u ocultas.

- El primer valle es el Valle de la Búsqueda (*la reorganización de las facultades ordinarias*).
- El segundo es el Valle del Amor (*la activación del Espíritu*).
- El tercero es el Valle del Conocimiento Intuitivo (*La activación del Secreto*).
- El cuarto es el Valle del Desapego (*la activación del Misterioso*).
- El quinto es el Valle de la Unidad (*la activación del Escondido*).
- El sexto es el Valle del Asombro (*la activación del Supracognitivo*).
- El séptimo es el Valle de la Muerte (*la aniquilación en la Esencia Pura*).

Tras atravesar los siete valles, el grupo de pájaros llega a su destino final y ahí se encuentran con el Simurgh:

> Así pues, de todos los miles de pájaros, solo treinta llegaron al final del viaje. E incluso ellos estaban desconcertados, cansados y abatidos, sin plumas ni alas. Pero ahora se encontraban a la puerta de la Majestad indescriptible, cuya esencia es incomprensible; el Ser fuera del alcance de la razón y conocimiento humanos. Entonces destelló el rayo de realización y cien mundos se consumieron en un momento. Vieron miles de soles, cada uno más brillante que el otro, miles de lunas y estrellas todas igualmente be-

llas y, contemplando todo esto, se asombraron y se agitaron como un átomo de polvo danzando y exclamaron:

—¡Oh Tú, que eres más radiante que el sol! Tú, que has reducido el sol a un átomo, ¿cómo podemos aparecer ante Ti? Ah, ¿por qué hemos soportado inútilmente todo este sufrimiento a lo largo del Camino? Habiendo renunciado a nosotros mismos y a nuestras cosas, ahora no podemos obtener aquello por lo que nos hemos esforzado. Aquí, poco importa que existamos o no.

Entonces los pájaros, tan descorazonados, se sumieron en la desesperación. Pasó mucho tiempo. Cuando, en un momento propicio, la puerta se abrió, salió un noble chambelán, uno de los cortesanos de la Suprema Majestad. Los miró y vio que solo quedaban estos treinta pájaros de entre miles. Dijo:

—Así pues, oh pájaros, ¿de dónde venís y qué estáis haciendo aquí? ¿Cuál es vuestro nombre? Oh vosotros, privados de todo, ¿dónde está vuestro hogar? ¿Cómo os llaman en el mundo? ¿Qué se puede hacer con un débil puñado de polvo como vosotros?

—Hemos venido —dijeron— para reconocer al Simurgh como Rey nuestro. Por amor y deseo de él, hemos perdido nuestra razón y nuestro sosiego. Hace mucho tiempo, cuando iniciamos este viaje, éramos miles y ahora solo treinta de nosotros hemos llegado a esta corte sublime. ...

El chambelán, habiéndoles sometido a prueba, abrió la puerta: y a medida que descorría cien cortinas, una tras otra, se reveló un nuevo mundo tras el velo. Ahora se manifestaba la luz de luces y todos ellos se sentaron en el trono, la sede de la Majestad y la Gloria. Les dieron un escrito y les dijeron que lo leyeran; y al leerlo y ponderarlo, pudieron comprender su estado. Cuando estuvieron completamente en paz y desapegados de todas las cosas, se percataron de que el Simurgh se encontraba allí con ellos y comenzó una nueva vida para ellos y para el Simurgh. Todo cuanto habían hecho antes se borró. El sol de majestad emitió sus rayos y, en el reflejo de los rostros de cada uno de los demás, estos treinta pájaros del mundo exterior contemplaron la faz del Simurgh del mundo interior. Esto les asombró tanto que no sabían si seguían siendo ellos mismos o se habían convertido en el Simurgh. Finalmente, en un estado de contemplación, comprendieron que eran el Simurgh y que el Simurgh era los treinta pájaros. Cuando miraban al Simurgh, veían que era realmente él quién estaba allí, y cuando volvían los ojos hacia sí mismos, veían que ellos eran el Simurgh. Y percibiendo ambos a la vez, a sí mismos y a Él, comprendieron que ellos y el Simurgh eran el mismo ser. Nadie en el mundo ha oído jamás cosa igual.

Entonces se entregaron a la meditación y al poco tiempo le pidieron al Simurgh, sin usar sus lenguas, que les revelara el secreto del misterio de la unidad y la pluralidad de seres. El Simurgh, sin hablar igualmente, respondió:

—El sol de mi majestad es un espejo. Quien se ve en él, ve su alma y su cuerpo, y los ve completamente. Puesto que habéis venido como treinta pájaros, veréis treinta pájaros en el espejo. Si vinieran cuarenta o cincuenta, sucedería lo mismo. Aunque no habéis cambiado del todo, os veis como erais antes.

...

—Todo lo que habéis conocido, todo lo que habéis visto, todo lo que habéis dicho u oído, todo esto ya no es aquello. Cuando cruzasteis los valles del Camino Espiritual y cuando llevasteis a cabo buenas tareas, lo hicisteis por mis acciones; y pudisteis ver los valles de mi esencia y mis perfecciones. Vosotros, que sois solo treinta pájaros, hicisteis bien en estar asombrados, impacientes y perplejos. Pero yo soy más que treinta pájaros. Soy la propia esencia del verdadero Simurgh. Así pues, aniquilaos gloriosa y jubilosamente en mí, y en mí os encontraréis.

De inmediato los pájaros finalmente se perdieron para siempre en el Simurgh – la sombra se perdió en el sol y eso es todo.[33]

El Simurgh, que significa «treinta pájaros», es una frase en código que, según el sistema abjad, quiere decir «el desarrollo de la mente a través de China». Tanto en persa como en árabe «China» equivale al concepto oculto de meditación y método de desarrollo.[34] Es el origen del dicho: «Busca el conocimiento, aunque sea en China». En este contexto la palabra «treinta» es equivalente al más elevado estado de consciencia, representado simbólicamente por la triplicidad original. De esta manera el hombre recorre de vuelta las diversas etapas del macrocosmos y asciende hacia el Absoluto: regresa a su origen. Es entonces cuando se realiza el anhelo divino «deseé ser conocido»; se cierra el bucle de la síntesis creativa.

En esta etapa, la mente humana se denomina *mente supracognitiva*. A veces se emplea el término «alma angélica» con respecto a esta determinada etapa de la evolución humana. Hallándose en este estado, el viajero puede ver las cosas tal como son realmente, comprender la afinidad y unidad de cosas aparentemente diferentes y percibir la función del

---

[33] *The Conference of the Birds*, Fariduddin Attar; traducido por S.C. Nott (Continuum Publishing, Nueva York, 2000, pág. 145-148). Versión en español: *El coloquio de los pájaros* (Editorial Sufi, 2003).
[34] *The Sufis*, Idries Shah, pág. 395. (Ver nota 14).

hombre. Luego el viajero puede descubrir que todo el macrocosmos se reproduce dentro de su mente.

***

Puede haber diferencias de comprensión de las diversas experiencias, ya que no todos los viajeros son capaces de reconocerlas correctamente. Algunos pueden concluir que han experimentado la consciencia al nivel de la facultad escondida, mientras que en realidad estaban expuestos a la certeza de la facultad secreta. O quizá la mente del viajero esté desbordada al experimentar la consciencia de la facultad supracognitiva, pero él crea que ha experimentado la unidad con el Absoluto.

A quienes no han sido debidamente preparados y se aventuran en el mundo de los símbolos, la experiencia les perturbará. La siguiente historia titulada «El paraíso de la canción» es una ilustración alegórica de una experiencia impulsada por una intención incorrecta («No estaría bien, lo sé») y llevada a cabo sin un guía:

> Ahangar era un poderoso forjador de espadas que vivía en uno de los remotos valles orientales de Afganistán. En tiempos de paz hacía arados y herraduras pero, sobre todo, cantaba.
>
> Las gentes de los valles escuchaban ávidamente las canciones de Ahangar, a quien se conoce por distintos nombres en varias partes de Asia Central. Venían de los bosques de gigantescos castaños, del nevado Hindu Kush, de Qataghan y Badakhsan, de Khanabad y Kunar, de Herat y Paghman, para oír sus canciones.

Especialmente querían escucharle cantando la canción de canciones que era la del Valle del Paraíso.

Esta canción tenía una cualidad evocadora, una cadencia insólita y, principalmente, relataba una historia tan extraña que la gente sentía que conocía el remoto Valle del Paraíso. Con frecuencia le pedían que la cantara cuando no estaba de humor para ello, y él se negaba. A veces le preguntaban si el Valle del Paraíso era de verdad real, y Ahangar solo podía decir:

—El Valle de la Canción es tan real como se puede ser.

—Pero ¿cómo lo sabes? —preguntaban— ¿Has estado allí alguna vez?

—No de la manera corriente —contestaba Ahangar.

No obstante, para Ahangar y casi todos los que le escuchaban, el Valle de la Canción era tan real como se puede ser.

Aisha, una doncella local a quien él amaba, dudaba de que existiera semejante lugar. Igual que Hasan, un espadachín fanfarrón y tremebundo que juró casarse con Aisha y que no perdía ocasión de burlarse del herrero.

Un día, cuando los habitantes del pueblo estaban todos sentados en silencio después de que Ahangar les hubiera contado su historia, Hasan habló:

—Si crees que ese valle es tan real y está en aquellas montañas de Sangan, donde sube la neblina azul, ¿por qué no intentas encontrarlo?

—No estaría bien, lo sé —dijo Ahangar.

—¡Tú sabes lo que te conviene y no sabes lo que no quieres saber! —gritó Hasan—. Ahora, amigo, te propongo una prueba. Tú amas a Aisha, pero ella no se fía de ti. No cree en este absurdo Valle tuyo. Nunca podrías casarte con ella porque si el marido y la mujer no se fían el uno del otro, no son felices y surgen toda clase de males.

—¿Entonces esperas que me dirija al valle? —preguntó Ahangar.

—Sí —dijeron Hasan y el público al unísono.

—Si voy y regreso a salvo, ¿accederá Aisha a casarse conmigo? —inquirió Ashangar.

—Sí —murmuró Aisha.

De modo que Ahangar recogió unas moras secas y un pedazo de pan y partió hacia las lejanas montañas.

Subió y subió hasta que llegó a una pared que rodeaba toda la cadena montañosa. Cuando escaló su escarpado borde, se encontró con otra pared, más cortada a pico que la anterior. Y después había una tercera, cuarta y finalmente una quinta pared.

Descendiendo al otro lado, Ahangar descubrió que estaba en un valle sorprendentemente similar al suyo.

La gente salió a darle la bienvenida y, al verla, Ahangar se dio cuenta de que algo muy extraño estaba ocurriendo.

Meses más tarde, Ahangar el herrero, caminando como un viejo, entró cojeando en su pueblo natal y se dirigió a su humilde cabaña. A medida que la noticia de su llegada se extendía por la zona, la gente se fue reuniendo ante su hogar para oír sus aventuras.

Hasan el espadachín, como portavoz de todos, pidió a Ahangar que se asomara a la ventana. Se oyeron gritos ahogados cuando todos vieron lo avejentado que estaba.

—Y bien, maestro Ahangar, ¿llegaste al Valle del Paraíso?

—Sí.

—Y ¿cómo era?

Ahangar, buscando las palabras, miró a la asamblea reunida con un cansancio y una desesperanza que jamás había sentido. Dijo:

—Escalé y escalé, y escalé. Cuando parecía imposible que hubiera asentamiento humano en un lugar tan desolado, y tras muchas tribulaciones y decepciones, llegué a un valle. Ese valle era exactamente igual que este en el que vivimos. Y entonces vi a la gente. No son solo como nosotros: son *la misma gente*. Por cada Hasan, cada Aisha, cada Ahangar, cualquiera que haya aquí, hay otro exactamente igual en ese valle. Son semejanzas y reflejos nuestros, cuando vemos estas cosas. Pero somos nosotros las semejanzas y reflejos de ellos, nosotros que estamos aquí, somos sus gemelos...

Todo el mundo pensó que Ahangar se había vuelto loco debido a sus privaciones y Aisha se casó con Hasan el espadachín. Ahangar envejeció rápidamente y murió. Y todas las personas que habían oído esta historia de labios de Ahangar, primero se descorazonaron de sus vidas, luego envejecieron y murieron, porque sentían que algo iba a pasar que estaba fuera de su control y que no les daba esperanza alguna, y así perdieron interés en la propia vida.

Solo una vez cada mil años ve el hombre este secreto. Cuando lo ve, cambia. Cuando cuenta los hechos estrictos a otros, se marchitan y mueren.

La gente piensa que semejante suceso es una catástrofe, así que no deben saberlo pues no pueden entender (tal es la naturaleza de su vida corriente) que tienen más yos que uno, más esperanzas que una, más oportunidad que una —

allá arriba, en el Paraíso de la Canción de Ahangar, el poderoso herrero.[35]

También es posible que ciertas experiencias saturen totalmente la capacidad de una determinada persona. En ese estado extático, la mente de esa persona se aniquilará por completo en uno de los estados elevados mencionados anteriormente. Fue el caso de Bayazid de Bistam que vivió en el siglo IX:

> Hallándose en un estado extático, Bayazid pronunció las palabras: «Gloria a mí». Sus discípulos protestaron:
> —No es apropiado que digas eso.
> Bayazid les dijo:
> —¡Amigos, cuidado! Si sois sinceros, cuando vuelva a pronunciar estas palabras tomad vuestros cuchillos y espadas y golpeadme, para que podáis contaros entre los que reciben la aprobación de Dios.
> Cuando Bayazid volvió a encontrarse en el mismo estado comenzó a exclamar:
> —¡Gloria a mí! Cuán grande es mi Gloria.
> Algunos de sus discípulos sacaron los cuchillos y le atacaron. Cuando recuperaron el sentido se dieron cuenta de que habían cortado sus propias manos y herido sus vientres y pechos. Pero aquellos que no golpearon estaban ilesos, igual que Bayazid.[36]

---

[35] «Paradise of Song» incluido en *Wisdom of the Idiots*, Idries Shah (The Octagon Press, Londres, 1971, pág. 77).
[36] *Maître et Disciple*, Sultan Valad; traducido al francés por Eva de Vitray-Meyerovitch (Éditions Sindbad, Paris, 1982). La traducción inglesa es de *Elucidation* (Troubadour Publications, de próxima publicación). Versión en español: *Maestro y discípulo*, (Editorial Sufi, 2003).

Es por ello que, por ejemplo, Tomás no quería revelar su estado de consciencia a otros discípulos de Jesús:

> Jesús dijo a los que le seguían:
> —Comparadme con algo y decidme cómo soy.
> Simón Pedro le dijo:
> —Eres como un mensajero justo.
> Mateo le dijo:
> —Eres como un sabio filósofo.
> Tomás le dijo:
> —Maestro, mi boca es absolutamente incapaz de decir cómo eres.
> Jesús dijo:
> —No soy tu maestro. Porque has bebido, te has intoxicado con la borboteante fuente que yo he cuidado.
> Y se alejó con él y le contó tres frases. Cuando Tomás regresó con sus amigos le preguntaron:
> —¿Qué te ha dicho Jesús?
> Tomás les respondió:
> —Si os cuento una de las frases que me ha dicho, recogeréis piedras y me lapidaréis, y saldrá fuego de las rocas y os consumirá.
>
> (*El evangelio de Tomás*, 13)

La exposición a los modos elevados de consciencia puede suponer un desafío cuando las recién activadas facultades sutiles están dominadas todavía por las tendencias egoístas. Los humanos deben purificar su ego, al menos parcialmente, antes de poder alcanzar las zonas elevadas de consciencia. Cualquier intento de activar las facultades sutiles en una personalidad no regenerada terminará en una aberración. En tales casos la exposición a estados de consciencia intensificados no solo proporciona acceso a nuevos «poderes» sino que también incrementa las tendencias destructivas. Cuando eso ocurre, el individuo puede lograr una profundización del conocimiento intuitivo correspondiente a la facultad que esté implicada. Pero si eso no forma parte de un desarrollo integral, la mente intentará en vano equilibrarse alrededor de esta hipertrofia. Las consecuencias incluyen fenómenos mentales unilaterales, ideas exageradas de autoimportancia, el afloramiento de cualidades indeseables o un deterioro mental. En lugar de ascender a esferas más elevadas de funcionamiento, semejante exposición corrompe, refuerza el ego y reduce al hombre a una especie de vida bestial.

Este mecanismo es el responsable de que aparezcan en la literatura criaturas ficticias como diablos, demonios, brujas, etcétera. La posibilidad de que surjan mentes malignas es necesaria por la medida de libre albedrío que tiene el hombre, y sus consecuencias no pueden ser anuladas por las fuerzas macrocósmicas, no importa lo que esté en juego. Todo lo que puede hacerse es disponer situaciones que proporcionen más oportunidades para que el hombre elija de manera diferente. Por ejemplo, Shakespeare usó las brujas de Macbeth para ilustrar el modus operandi de tales tendencias realzadas pero desestabilizadoras:

> Las tendencias negativas realzadas están representadas simbólicamente por Hécate y las brujas. Su objetivo es Macbeth. Hécate ejerce su influencia jugando con la personalidad desequilibrada de Macbeth: sus complejos e inseguridades. Al principio, Hécate se enfada con las brujas porque se han equivocado al influir en un personaje bastante débil. (Shakespeare indica de este modo que no existe el mal absoluto; las brujas solo pueden amplificar ten-

dencias negativas existentes). Desde la perspectiva de Hécate, Macbeth no es lo suficientemente malvado; no es capaz de servir al mal con la eficacia requerida. De hecho, es bastante débil y vacilante manejándose a sí mismo. Que Macbeth «quiera por sus propios fines, no por vosotras» puede perjudicar el objetivo general de Hécate. Por tanto, dice a las brujas que organizará que Macbeth vuelva a ellas en busca de nuevas profecías. Y cuando venga, deben conjurar visiones y espíritus cuyos mensajes realcen la malevolencia de Macbeth, llenándole de una falsa sensación de seguridad, porque «la seguridad es el peor enemigo de los mortales».

Las profecías de las brujas se basan en un patrón que se compone de una presentación fiel de sucesos futuros, pero las visiones se proyectan de una manera distorsionada y con un énfasis engañoso. Así las profecías de las brujas acarrean su propio cumplimiento. Bajo la influencia de las brujas, Macbeth se convierte en un villano brutal y asesino.[37]

Fue este tipo de tendencias desestabilizadoras realzadas las que interfirieron con el proceso evolutivo en la antigüedad. En esa época personas parcialmente desarrolladas abandonaron sus responsabilidades evolutivas. Parece que la mente creativa se activó prematuramente. En lugar de mantener el proceso, estas personas se permitieron seguir los dictados de sus egos que no estaban pulidos todavía. Se aprovecharon de sus superiores habilidades para satisfacer sus deseos egoístas y

---

[37] Extractado por el autor de *Shakespeare's Elephant in Darkest England*, W. Jamroz (Troubadour Publications, Montreal, 2016, pág. 90). Versión en español: *El elefante de Shakespeare* (Troubadour Publications, Montreal, 2016, pág. 89).

el resultado fue que el mundo quedó temporalmente desconectado del proceso evolutivo. Se produjo una brecha entre el Dominio y el mundo de los símbolos, y este último se contaminó. La contaminación se manifestó con la aparición de varios «semidioses» que interferían en los asuntos humanos. En el *Génesis* se hace referencia a ello:

> Que viendo los hijos de Dios que las hijas de los hombres eran hermosas, tomaron para sí mujeres, escogiendo entre todas. ...
> Y vio el Señor que la maldad de los hombres era mucha en la tierra, y que todo designio de los pensamientos del corazón de ellos era de continuo solamente el mal.
>
> (*Génesis* 6:2-5)

De esta situación degenerada quedó constancia en los antiguos mitos y leyendas, que son un registro de la alteración evolutiva causada por un suceso ocurrido en la antigüedad, a consecuencia del cual la humanidad terminó en un caos evolutivo. Los acontecimientos descritos en las mitologías griega y romana son ilustraciones simbólicas de la ruptura evolutiva. Impulsados por su egoísmo y sensualidad, los diversos semidioses abusaron de sus poderes extraordinarios y de la responsabilidad que se les había encomendado. En lugar de supervisar el proceso evolutivo, estos hombres y mujeres de la antigüedad centraron sus actividades en perseguir objetivos inferiores y ello causó una corrupción del proceso. La humanidad quedó separada del Dominio. La cita bíblica anterior viene justo antes del episodio de Noé. Puede suponerse, por tanto, que el «diluvio» fue una especie de operación de limpieza necesaria para que la humanidad volviera al correcto camino evolutivo.

***

Por motivos de método e ilustrativos, las facultades de la mente se asocian con determinados colores. Los colores se emplean como representación simbólica de los diversos modos de oscilación del campo de consciencia universal y, así, pueden usarse como herramienta de desarrollo.[38] Los colores se eligen de forma que sus propiedades sustractivas reflejan la relación jerárquica entre las facultades interiores. Es decir, hay una jerarquía de colores: el amarillo y el rojo se consideran los más inferiores. Aparecen primero, cuando la luz (blanca) se sustrae de la negrura. En consecuencia, el blanco y el negro son colores más elevados (principales) y el verde es el más elevado porque es el último que aparece cuando el blanco se sustrae del negro.[39] Por consiguiente, el amarillo y el rojo se usan para indicar las facultades interiores del corazón (el Espíritu y el Misterioso) y el blanco y el negro para las del intelecto (el Secreto y el Escondido). El verde es indicativo de la facultad supracognitiva.

Además de con colores, la relación jerárquica entre los varios modos de oscilaciones puede señalarse en las descripciones literarias con la «edad» o la «altura». En esta convención, «más joven» o «más alto» significan un modo más elevado. Este tipo de código se usa para describir las diversas etapas del desarrollo de la mente humana. Algunos autores místicos utilizan personajes femeninos para representar los diversos modos de las oscilaciones. Las facultades internas en su esta-

---

[38] La selección de colores es específica de la metodología de activación de las facultades interiores. Esta selección es a discreción de un mentor espiritual que supervisa el proceso.
[39] *Goethe's Scientific Consciousness*, Henri Bortoft (The Institute for Cultural Research, Turnbridge Wells, Inglaterra, 1986, pág. 11).

do latente las encarnan hombres jóvenes. Una boda señala la activación exitosa de una de las facultades interiores.

Las obras de Shakespeare son una de las explicaciones más precisas de la fase más reciente de la evolución de la mente humana, formando una narrativa que ilustra el desarrollo de la mente humana en el contexto de la civilización occidental.[40] Shakespeare es muy consistente identificando la función evolutiva de sus heroínas al indicar sus relativas edades o alturas, o el color de su cabello, ropa o tez. Por ejemplo, Shakespeare hace referencia al simbolismo del código de colores en este intercambio, aparentemente sin sentido, entre don Adriano y Polilla, su paje, en *Trabajos de amor perdidos*:

Don Adriano:
«¿Quién fue el amor de Sansón, querido Polilla?»
Polilla:
«Una mujer, amo».
Don Adriano:
«¿De qué color era su cara?»
Polilla:
«De los cuatro, o de tres, o de dos, o de uno de los cuatro».
Don Adriano:
«Dime exactamente de qué color era su tez».
Polilla:
«Verde como el agua de mar, señor».
Don Adriano:
«¿Es ese uno de los cuatro colores de cara?»
Polilla:
«Así lo he leído, señor, y es el mejor de ellos».

---

[40] *Shakespeare's Elephant in Darkest England*, W. Jamroz, pág. 108. (Ver nota 37).

Don Adriano:
«El verde, en efecto, es el color de los amantes».
(*Trabajos de amor perdidos*, I.2)

***

Buscando las partículas elementales fundamentales, los científicos descubrieron la estructura interna de la materia. Este descubrimiento fue aclamado como uno de los grandes éxitos de la física de partículas elementales. Y resulta que la estructura interior de la materia y la de la mente humana son un tanto similares. Como la ciencia no tiene lugar para el «alma», es evidente que los físicos no utilizarían los diversos niveles de consciencia para describir las capas interiores de la materia. Sin embargo, la descripción de la estructura de la mente ha encontrado su reflejo en el núcleo duro de la física cuántica.

Hasta los años sesenta del siglo pasado se creía que los protones y los neutrones eran las partículas elementales de la materia. Pero en 1968 los físicos descubrieron que el protón tenía una estructura interna. El experimento llevado a cabo en el Stanford Linear Accelerator Center (SLAC) mostró que la estructura del protón no es homogénea. En este experimento, se aceleraron protones a altas velocidades y luego se les hizo colisionar con otros protones o electrones, con el resultado de que los protones se rompieron en una cantidad de partículas más pequeñas. Estas partículas se llamaron quarks.

Los quarks son las únicas partículas en el Modelo Estándar de física de partículas que experimentan las cuatro fuerzas fundamentales. Sin embargo, los quarks nunca se observan directamente ni se encuentran aislados. No pueden aislarse y, por tanto, no se pueden observar directamente en condiciones normales, lo que significa que no puede haber un solo quark por sí mismo.

Al estudiarlo más detenidamente, se ha determinado que cada protón y neutrón está compuesto, casualmente, por una triplicidad de quarks. Es decir, la organización básica de la materia está en forma de triplicidad, un eco remoto de la triplicidad cósmica original. Igual que los místicos, los físicos han escogido un código de colores para indicar la compatibilidad mutua entre los diversos quarks. Pero en lugar del modelo sustractivo (jerárquico), los físicos usan el aditivo, que no es jerárquico: todos los colores son cualitativamente iguales. Los físicos han denominado arbitrariamente a los tres quarks como azul, verde y rojo. Estos tres colores combinados dan el color blanco. En consecuencia, la disposición permitida de la triplicidad es tal que una cadena de tres quarks tiene que ser blanca. Esto indica que no hay una disposición preferente entre los tres quarks dentro de la capa más interna de la materia. Puede decirse que no hay una jerarquía interior.

La estructura interna de la materia es fija. La materia solo puede ensamblarse en estructuras más y más complejas, pero no puede transmutarse en una sustancia macrocósmica más sutil. La primera capa dentro del mundo físico que proporciona la posibilidad de una reorganización preferencial es la mente racional, que incluye la triplicidad original en forma de las tres facultades de intelecto, corazón y ego. Esta es la primera y única capa en el mundo físico capaz de transmutarse.

***

Ahora podemos volver a la persona que contempla para explicarle su situación y sus opciones. El ser humano puede resolver su situación encontrando un medio con el que poder acceder a los modos de oscilación elevados presentes en el macrocosmos. Resulta que estos medios se imbuyeron en otra «especie» que, en un momento determinado, apareció entre los hombres corrientes. Estos seres extraordinarios se denominan Hombres Perfectos.

El Hombre Perfecto

Cuando aparecieron Hombres Perfectos en la tierra para lograr un mayor control de las tendencias evolutivas, iniciaron a ciertas personas corrientes. Es decir, les dieron acceso a una técnica mediante la cual sus mentes podían adquirir la capacidad de procesar energía consciente y, por tanto, lograr un contacto con la intención del Absoluto.

(Ernest Scott)

El cosmos está dispuesto de conformidad con un diseño universal basado en el principio de jerarquía, que suele compararse con los patrones que se observan en las plantas, animales y cuerpos celestes. Por ejemplo, la rosa guarda la misma relación con respecto a las flores que el roble con respecto a los árboles, o la abeja con los insectos, o el águila con los pájaros, o el león con los animales, o el sol con otros cuerpos celestes. Sin embargo, los Hombres Perfectos son una especie tan distinta de los diversos humanos como lo son los humanos con respecto a otras formas de vida orgánica. El hombre corriente es superior a los animales; de igual modo, el Hombre Perfecto es superior a otros hombres por virtud del refinamiento de su mente.

Mucho antes de que se creara la humanidad, el Absoluto creó una impresión del Hombre Perfecto; este debía experimentar el estado de la triplicidad original. A esta impresión se la dotó con esa experiencia: es la cognición prescriptiva del Hombre Perfecto. La impresión del Hombre Perfecto se concibió en el mundo de las ideas, en proximidad con el Absoluto. Fue la primera idea que apareció después de que el Absoluto hubiera expresado su deseo de «ser conocido». Tras aparecer en el mundo de las ideas, la impresión del Hombre Perfecto se proyectó al mundo de los símbolos, y esta proyección es la que registra el segundo capítulo del *Génesis*.

Es importante observar que el *Génesis* refiere dos secuencias diferentes en la creación del hombre. El primer capítulo describe la creación del hombre ordinario en el mundo físico, es decir, la secuencia correspondiente a la que ha desarrollado la ciencia. Es la primera parte del bucle ascendente de la creación, relativa al mundo físico. Empieza con el Big Bang, continúa con la creación de las estrellas, el Sol, la Tierra, el mundo mineral, la Luna, el reino vegetal, el animal, y termina con la aparición de la humanidad. En lo que se refiere al grado de sofisticación de las cosas creadas, se trata de una secuencia ascendente: comienza con las partículas elementales y acaba en el hombre.

Sin embargo, la descripción incluida en el segundo capítulo del *Génesis* se refiere a una etapa anterior del proceso: la parte descendente del proceso que tuvo lugar antes de la creación del mundo físico. Por eso la secuencia descrita en este segundo capítulo va en orden inverso a la del primero y alude a los sucesos previos a la creación del universo ocurridos en el macrocosmos. En esta secuencia, las diversas formas vivientes aparecen en el orden contrario al que se manifestó en la Tierra: empiezan con el sistema más avanzado, el hombre:

> Entonces Dios formó al hombre con polvo del suelo, e insufló en sus narices el aliento de vida, y resultó el hombre un alma viviente.
> (*Génesis*, 2:7)

Cuando apareció «el alma viviente», no había plantas ni hierbas:

> No había aún en la tierra arbusto alguno del campo, y ninguna hierba del campo había germinado todavía.
>
> (*Génesis*, 2:5)

Esto significa que los acontecimientos relatados en el segundo capítulo del *Génesis* están teniendo lugar enteramente en el mundo de los símbolos: ocurrieron antes de que se creara el universo. Esta secuencia es aplicable a las formas concebidas en el mundo de los símbolos. En ella, la mente humana («alma viviente») apareció primero. El «alma viviente» se refiere a las facultades interiores de la mente. Es el resultado de una proyección del «punto» divino en el mundo de los símbolos en el que, en ese momento, no se habían concebido todavía las plantas y las hierbas.

El jardín del Edén, una representación simbólica del mundo de los símbolos, fue posterior; se concibió después de la formación del «alma viviente» humana.

En medio del jardín aparecieron «el árbol de la vida» y el «árbol del conocimiento del bien y del mal», evidentemente estructuras simbólicas, ya que pertenecen al mundo de los símbolos. Es decir, el jardín del mundo de los símbolos se pobló con imágenes-símbolo de animales y pájaros solo después de la aparición del alma humana:

> Dios formó todos los animales del campo y todas las aves del cielo.
>
> (*Génesis*, 2:19)

La descripción bíblica del «paraíso» con ángeles, el árbol del conocimiento, etcétera, es una representación alegórica del mundo de los símbolos.

El hombre del segundo capítulo del *Génesis* es la proyección del Hombre Perfecto en el mundo de los símbolos. Como se ha mencionado, la impresión del Hombre Perfecto ya estaba plenamente desarrollada en el mundo de las ideas. El Corán se refiere a dicha impresión del Hombre Perfecto como «Mahoma».

Cuando estaba en el mundo de los símbolos, Adán todavía no estaba formado como hombre físico: era el símbolo del Hombre Perfecto. Puede decirse, por tanto, que cuando la idea del Hombre Perfecto se desarrolló en el mundo de las ideas, Adán estaba «entre el agua y la arcilla», es decir, aún no había sido creado. He aquí un dicho de Mahoma que alude a esta secuencia:

> Yo era un profeta cuando Adán estaba entre el agua y la arcilla.

El segundo capítulo del *Génesis* proporciona una información crucial sobre la naturaleza del Hombre Perfecto. Ilustra el «entrenamiento» de Adán para su futuro papel de guía espiritual de los hombres corrientes. El entrenamiento consistía en experimentar el velado de las capas internas de la mente humana. Primero, Adán experimentó cómo operaba una mente desarrollada, lo que se indica simbólicamente porque Adán sabía todos los nombres que constituyen el mundo de los símbolos y de las ideas, es decir, conocía la estructura general del macrocosmos. Como proyección de la impresión del Hombre Perfecto, la conocía, la entendía. Su conocimiento era superior al de los «ángeles». Así describe Rumi esta situación:

> En el cuerpo de tres codos que le dio, mostró todo lo que contenían las tablas del destino y los mundos invisibles. Le enseñó a Adán los Nombres. Luego Adán dio instrucciones a los ángeles sobre cuanto habría de ocurrir eternamente, de forma que los ángeles se asombraron por su enseñanza y obtuvieron de él un conocimiento que antes no tenían. La revelación que les llegó de Adán no la contenía la amplitud de sus moradas. Comparada con la espaciosidad del ámbito de la mente de Adán, la extensión de su comprensión era mucho más estrecha. Entonces los ángeles dijeron a Adán: «Antes teníamos una amistad contigo sobre el polvo de la Tierra. La conexión que teníamos con ese polvo nos maravillaba puesto que nuestra naturaleza es celestial. Oh Adán, esa amistad se debía a tu fragancia, porque la Tierra era la trama y la urdimbre para crear la textura del tejido de tu cuerpo. Allí se tejió tu cuerpo terrenal y allí se encontró tu luz pura. Estábamos en la Tierra sin reparar en ella, despreocupados del tesoro que escondía.
> (*Mathnawi, primera parte*, 2647-66)

Tras experimentar los estados de la consciencia elevada, Adán fue puesto en estado de sueño:

> Entonces Dios el Señor hizo caer un sueño profundo sobre el hombre.
> (*Génesis* 2:21)

Mientras «dormía» las capas internas de la mente de Adán se velaron. Simbólicamente, esto se ilustra por la separación de Adán y Eva («una mujer»). Eva representa la mente interior de Adán, su «joya» interna. La «joya» se extrajo de su cuerpo, de la propia médula de sus huesos:

> De la costilla que Dios el Señor le había quitado al hombre, hizo una mujer.
> (*Génesis* 2:22)

En esta alegoría, Eva representa un rayo de consciencia divina, la proyección del divino «punto». Proporciona un enlace entre la Esencia Pura y el Intelecto Puro. En la siguiente cita, Rumi indica que los poetas suelen usar «una mujer» como símbolo de un rayo de consciencia divina:

> Es un rayo de Dios, no es esa amada terrenal: es creativa, se podría decir que no ha sido creada.
> (*Mathnawi, primera parte*, 2437)

Esta descripción de separar a Adán de su Eva interior es una alegoría del velado de la parte más sublime de la mente humana. Después, esta «preciosa joya» permaneció oculta. La referencia de Shakespeare a la mente velada aparece en *Como gustéis*, cuando el Duque exilado elogia la naturaleza («adversidad») y su exilio en ella:

> Dulces son los usos de la adversidad que, como el sapo, feo y venenoso, lleva una preciosa joya en su cabeza.
> (*Como gustéis*, II.1)

Cuando Adán fue separado de su Eva interior, su mente se desintegró y tomó la forma de las tres facultades desconectadas: el intelecto, el corazón y el ego. Al despertarse, Adán se convirtió en el símbolo de la facultad intelecto y Eva en el de la facultad corazón. A la vez, el ego adquirió su perturbadora prominencia. La presencia del ego perturbador era una proyección de los estados defectuosos en el mundo de las ideas. En el *Génesis,* el ego se presenta alegóricamente como una serpiente. Como en el caso del hombre corriente, el ego («serpiente») ejerce su influencia sobre el intelecto («Adán») por medio de la facultad de emoción («Eva»). Por eso Adán perdió la capacidad de distinguir el bien del mal. En ese estado ordinario, Adán ya no podía acceder a los frutos «del árbol del conocimiento del bien y del mal».

Separar a Adán de Eva era parte de la fase descendente del proceso de creación, un paso necesario de su bajada al mundo físico. Adán, el Hombre Perfecto, se transformó en el símbolo del hombre ordinario. Este símbolo de la mente velada sirvió de molde para la aparición de los hombres corrientes, que no estaban dotados de las experiencias de Adán. En su inicio, el símbolo consistía en las facultades internas veladas.

El Adán del segundo capítulo del *Génesis* fue el primer Hombre Perfecto que surgió en la Tierra. Hallándose en el mundo de los símbolos, conoció cómo operaban las facultades sutiles. Después su estado se redujo al de los hombres corrientes. De este modo experimentó los desafíos a los que estos se enfrentan. No obstante, sus experiencias previas dejaron una marca permanente en su mente, manifestada como su predisposición inherente hacia el macrocosmos.

Después, Adán, el Hombre Perfecto, tuvo que aparecer en la Tierra entre los humanos ordinarios. El Génesis describe simbólicamente este último paso como la expulsión de Adán del jardín del Edén. Definitivamente, no era una especie de castigo; muy al contrario, era un paso necesario del proceso. Es decir, Adán no tenía elección. Debía experimentar el dolor de la separación antes de aparecer en forma mortal entre los hombres corrientes. Su función era «ser expulsado del paraíso». Antes de que se le enviara al mundo material, experimentó y aprendió cómo conducir a los humanos ordinarios para que completaran su propósito fundamental.

La siguiente descripción se refiere a esta determinada etapa de la creación y a la función del Hombre Perfecto como guía:

> El hombre es un símbolo. También lo es un objeto o un dibujo. Penetra bajo el mensaje exterior del símbolo o te quedarás dormido. Dentro del símbolo hay un diseño que está en movimiento. Conócelo. Para ello necesitas un Guía. Y antes de que este pueda ayudarte, debes prepararte ejercitando la honestidad hacia el objeto de tu búsqueda. Si buscas la verdad y el conocimiento, los obtendrás. Si buscas algo sólo para ti mismo, quizá lo obtengas y pierdas cualquier otra posibilidad más elevada para ti.[41]

Es decir, las aventuras de Adán en el «paraíso» eran parte de su entrenamiento. Le estaban preparando para su función como primer guía de la humanidad.

***

Lo que es importante observar es el hecho de que, cuando Adán apareció en la Tierra, la humanidad ya se había multiplicado y alcanzado su desarrollo físico pleno. Adán era

---

[41] *The Way of the Sufi*, Idries Shah, 1980, pág. 263. (Ver nota 18).

diferente de los que le rodeaban. Su ser interior ya había estado expuesto al mundo de los símbolos; había experimentado el funcionamiento de la mente creativa. Todos esos sentimientos y experiencias eran completamente desconocidos y ajenos para las personas a su alrededor. Como él mismo los había tenido, podía comprender su situación. Su función era ayudar a las personas corrientes a entender la importancia de reconocer cómo operaba el ego y proporcionarles una receta para reformar su mente racional.

El Adán del segundo capítulo del *Génesis* representa una especie diferente de los humanos ordinarios. Fue el primero de una estirpe de Hombres Perfectos necesarios para ayudar y supervisar la parte ascendente del proceso creativo. Su papel era guiar a los hombres corrientes en su viaje hacia el Absoluto. En este punto, el proceso se traspasó al ser humano. Por eso pudo descansar el Absoluto «en el séptimo día».

Hasta ese momento, el ser humano solo tenía un papel pasivo en el proceso. A partir de la aparición de Adán, tendría que hacer esfuerzos deliberados para iniciar, mantener y continuar el proceso evolutivo. Fue el comienzo o génesis de la segunda parte del ascenso, llamada «evolución consciente» o «deliberada». Señaló el final de la creación mecánica. El hombre se enfrentaba a un reto increíblemente difícil que le exigiría mucho.

Antes de que Adán pudiera aparecer en su forma corpórea, había que preparar adecuadamente a la humanidad y a todo el entorno terrestre. En el *Mathnawi* de Rumi hay una historia que ilustra cómo los «observadores» del macrocosmos supervisaban las condiciones de la Tierra. Los observadores se denominan simbólicamente «ángeles»; había cuatro que visitaban la Tierra. Sus llegadas correspondían a las cuatro fases de la formación de la Tierra. La primera visita llevó al colapso de la función de onda de los mundos minerales (*modo constructivo*); la segunda condujo a la formación del mundo vegetal (*modo vital*); la tercera, a la del mundo animal (*modo automático*); la cuarta visita señaló que ya estaba todo preparado para la aparición de la humanidad (*modo racional*). Como siempre ocurre con este tipo de historias, el auténtico significado resulta aparente cuando no se sigue lo que parece ser la línea de pensamiento principal:

> Cuando el Todopoderoso decidió crear la humanidad, envió al ángel Gabriel para que trajera un puñado de tierra con el que formar el cuerpo de Adán. De modo que Gabriel se dirigió a la Tierra para cumplir la orden divina. Pero la Tierra, recelosa de que el hombre así creado se rebelara contra su Creador e hiciera caer una maldición sobre ella, protestó, y pidió a Gabriel que la dejara y se marchara. Al final, Gabriel hizo lo que le pedía y regresó al cielo sin el puñado de tierra.
> Entonces Dios envió a Miguel con el mismo encargo. Cuando Miguel llegó a la Tierra, extendió su mano para tomar algo de arcilla. La Tierra tembló y empezó a suplicarle, llorando y poniendo excusas. Miguel atendió a sus lamentos y retornó al cielo con las manos vacías. Entonces Dios dijo al ángel Israfil: «Ve, llena tu mano con esa arcilla y regresa». Pero también Israfil fue desviado de la ejecución del mandato. Finalmente, Dios mandó a Azrael, el ángel de resolución y decisión firmes. De nuevo la Tierra argumentó con él para que se apiadara de ella. Azrael, que era más severo que los otros, ignoró resueltamente las súplicas de la Tierra. Le

dijo que, al ejecutar esta orden, por muy dolorosa que fuera, debía considerársele solo como una lanza en la mano del Todopoderoso. Cuando Azrael regresó al cielo con un puñado de tierra, Dios le dijo que le convertiría en el ángel de la muerte. A Azrael le preocupaba que esto le hiciera muy odioso a los ojos de los hombres. Pero Dios respondió que Azrael operaría de forma indirecta, mediante la enfermedad, y que los hombres no buscarían la causa original detrás de los efectos secundarios. Además, la muerte es en realidad un favor para los sabios. Solo los necios pedirían que no existiera la muerte.

(*Mathnawi, quinta parte*, 1556-1709)

Las visitas de los cuatro ángeles eran necesarias para asegurar que el entorno terrestre estuviera preparado para la humanidad, que solo podía aparecer cuando las condiciones fueran correctas. Lo interesante es que el entorno estaba listo en el momento de la visita de Azrael, el ángel de la muerte. Lo que significa que, desde el principio, la aparición del hombre estaba entrelazada con la muerte física. Igual que la creación del universo: en el momento de su creación (Big Bang), el universo se enlazó inmediatamente con su desaparición.

Adán solo podía aparecer en la Tierra después de que la formación del cerebro humano se completara, lo que sucedió cuando se implantó en él una interfaz física que permitía la activación de las facultades interiores. Este fue el ajuste final del cerebro humano con la zona más elevada del campo de consciencia disponible en el mundo físico: la última etapa de la creación mecánica. Se puede considerar como la formación final del ADN humano. Según una sugerencia reciente, la última fase de la creación se completó hace entre cuarenta y sesenta mil años (aproximadamente). Esta etapa física final se identificó como la adaptación del cerebro que permitía la operación simultánea del neocórtex izquierdo y derecho. Aunque las facultades internas permanecían en sus estados latentes, hubo cierta consecuencia de ese ajuste final: desencadenó la imaginación abstracta del humano. Joe Griffin e Ivan Tyrell, en su libro *Godhead: The Brain's Big Bang*, describieron este suceso:

> ... Esto desencadenó una explosión de creatividad que fomentó los lenguajes complejos, el pensamiento abstracto, la ingeniosa construcción de herramientas, la producción de «objetos de arte» –tallas, dibujos, pinturas, ropa decorativa– y el simbolismo espiritual... Opinamos que no es posible que el patrón de los humanos modernos se hubiera desarrollado gradualmente mediante pequeños incrementos de avance antes del Paleolítico Superior, como creen algunos científicos. Ello se debe a que la aparición de la creatividad habría implicado que nuestros antepasados asociaran libremente e imaginaran cosas que no estaban ante ellos. Para hacerlo, habrían tenido que entrar en estado REM en el neocórtex derecho (también llamado «mente psicótica») y soñar despiertos activamente, y eso es peligroso porque hacerlo puede provocar esquizofrenia. La única forma de llevarlo a cabo es si, a la vez que accedían al estado REM, accedían también a la razón, la lógica y la atención focalizada, que son funciones del neocórtex izquierdo. A no ser que tanto el cerebro izquierdo como el derecho se conectaran *simultáneamente*, la revolución de soñar despierto no podría haber ocurrido. Esto es debido a que si un

hemisferio fuera el dominante a lo largo de milenios, produciría una criatura esquizofrénica o autista. En ambos casos, la humanidad no habría sobrevivido.[42] Este suceso señaló el comienzo del pensamiento abstracto y la creatividad artística. El ajuste final en el mundo físico fue impulsado por un efecto de campo, es decir, por un cambio en el campo de consciencia. Por tanto, causó un impacto, no solo en los humanos sino en todo el entorno terrestre. Su efecto secundario quedó impreso en la naturaleza y afectó a los mundos minerales y animales. Esto explica las inclinaciones artísticas del pergolero arquitecto. Sus habilidades decorativas pueden ser una señal congelada de ese suceso que se derramó sobre el mundo animal. Una formación rocosa natural en la Côte de Granit Rose en Bretaña, Francia, es otra muestra de ese suceso en el mundo mineral. Esculpidos por las olas, los vientos, el hielo, las mareas y la sal, los granitos rosas adoptaron extrañas formas de plantas, animales y humanos.

El Big Bang del cerebro señaló la compleción del periodo de evolución mecánica, que tuvo lugar entre el Big Bang y el Big Bang del cerebro.[43] Después, el hombre estaba plenamente preparado para la siguiente fase del proceso: la evolución deliberada. La humanidad estaba lista para que apareciera el primer Hombre Perfecto.

---

[42] *Godhead: The Brain's Big Bang* (La divinidad: el Big Bang del cerebro), Joe Griffin e Ivan Tyrrell (HG Publishing, Chalvington, Reino Unido, 2011, pág. 197).
[43] Como se indica en el capítulo anterior, la evolución deliberada se inició hace unos 10.000 años aproximadamente. Lo que significa que Adán apareció entre los hombres corrientes entre 30.000 y 50.000 años después del Big Bang del cerebro.

Como se ha mencionado, por sí mismo el hombre no habría podido cumplir su misión. La humanidad necesitaba acceso a los modos elevados de consciencia. No obstante, previamente necesitaba guía y ayuda. Físicamente los humanos se hallaban en el mismo estado que Adán, pero este había experimentado los estados superiores –ya había viajado por el mundo de los símbolos– y sabía cómo recuperarlos.

Es interesante recordar aquí que, según los samaritanos, toda enseñanza mística proviene de un libro: *El libro de los signos*, que se supone trajo Adán desde el paraíso. Este libro le permitía tener poder sobre los elementos y las cosas invisibles.[44]

La aparición de Adán señaló el principio de la parte crítica del proceso conferido a la humanidad. Desde entonces, el destino de los humanos ha estado en sus propias manos.

***

Podemos pensar en la mente del hombre como una réplica del macrocosmos. No obstante, en su estado natural hay un velo que separa la consciencia ordinaria «despierta» de los estados más elevados de la mente. La consciencia corriente del hombre está demasiado sin pulir para percibir la presencia de los múltiples mundos que le rodean. Por eso se dice que, en su estado ordinario, el hombre está infinitamente lejos del Absoluto. Sin embargo, esta «separación» no significa «distancia» ni «localización». No hay otra localización. Todo está dentro de la mente humana:

---

[44] *Oriental Magic*, Idries Shah (The Octagon Press, Londres, 1992, pág. 11).

Estamos más cerca de él que su vena yugular.

(*Corán*, 50:16)

Adán fue el primero de la estirpe de Hombres Perfectos que, de vez en cuando, han aparecido para servir al hombre y salvarle de su «ceguera», despertándole de su sueño. Estos hombres siempre han estado en contacto con la matriz cósmica proyectada en curso. Son como «doctores cósmicos» que traen «medicinas» para la amnesia mental humana. Con frecuencia viven en el mundo casi desapercibidos. Han pertenecido a todas las razas y todos los credos.

Estos «doctores cósmicos» son de la línea genética de Adán. Pueden considerarse los herederos del ADN espiritual de Adán y, en este sentido, son como una especie diferente de los humanos corrientes. Sin embargo, a diferencia de Adán, tienen que experimentar voluntariamente la «expulsión del paraíso». En una parte temprana de su vida, cada uno debe seguir sus inclinaciones naturales para completar su viaje personal al macrocosmos. A medida que cada uno asciende a su destino específico en el macrocosmos, debe separarse de sus deleites terrenales. Su destino en el mundo invisible está determinado por las necesidades evolutivas de la comunidad en la que ha de trabajar cuando regrese. Durante el ascenso, su facultad ego se «disuelve» gradualmente. Después, debe retornar a la Tierra. En su descenso, reintegra su facultad ego con una composición diferente a la original. Este cambio es el resultado de las experiencias y conocimientos adquiridos en su viaje. Cuando vuelve al mundo físico, se ha convertido en un hombre nuevo. Ha transmutado.

Mientras están en la Tierra, estos doctores cósmicos no se hallan en su propia tierra, porque esta se encuentra más allá del mundo físico. Los cambios que han experimentado son imperceptibles para las personas corrientes. Es decir, no forman parte de los humanos ordinarios y, sin embargo, sí lo hacen. Su relación con los demás es como la del oro refinado con su mena. Lo que significa que, aunque su forma externa e incluso una parte de su esencia sean visibles, toda su profundidad solo se despliega para aquellos suficientemente desarrollados como para entenderla y percibirla:

> Deben sentirse todos los matices de esta «extrañeza» para que la paradoja del «salvador que viene de lejos» se perciba y se la haga funcionar dentro del organismo en el que aparece.[45]

El proceso de síntesis divina exige un espectro de Hombres Perfectos en el macrocosmos. En la parte superior de dicho espectro se halla la impresión inalterada del Hombre Perfecto. La realidad del Hombre Perfecto es la primera cognición del Absoluto per se; es el cumplimiento del propósito de la creación.

En el nivel inferior de este espectro está el símbolo del Hombre Perfecto personificado por «Adán». En el macrocosmos hay una cantidad de patrones del Hombre Perfecto que representan los diversos grados de consciencia entre el nivel de «Adán» y el de «Mahoma». Los textos sagrados se refieren a estos diversos grados en sus manifestaciones terrestres como los grandes profetas y mensajeros, aparecidos en la Tierra en diferentes momentos históricos. Sus apariciones se asociaron con los hitos clave de la evolución humana voluntaria. Al mismo tiempo, hacían que los diversos modos de oscilación del campo de consciencia universal estuvieran disponi-

---

[45] *The Commanding Self*, Idries Shah (The Octagon Press, Londres, 1994, pág. 35).

bles para las personas corrientes, en distintos momentos de la historia planetaria terrestre. Cada modo de oscilación era necesario para activar una determinada facultad interior de la mente humana; cada modo de consciencia tenía un potencial de desarrollo superior al anterior. Cada nuevo modo necesitaba un guía que actuaría como facilitador de estas nuevas capacidades.

La función de los guías es preparar a las personas y ayudarlas para que asimilen adecuadamente estas nuevas potencialidades evolutivas. El autor persa del siglo XIII, Omar Suhrawardi, hace referencia a estas potencialidades evolutivas que aumentan gradualmente en el siguiente texto:

> La semilla de la sabiduría divina
> se sembró en tiempos de Adán
> germinó en tiempos de Noé
> brotó en tiempos de Abraham
> se convirtió en árbol en tiempos de Moisés
> dio frutos en tiempos de Jesús
> y produjo vino puro en tiempos de Mahoma.[46]

La aparición de Adán, el primer Hombre Perfecto en la Tierra, estuvo relacionada con el acontecimiento en el que se suministró al cerebro humano una interfaz para activar las facultades interiores de la mente. En esa época, la humanidad se enfrentaba al muy difícil reto de manejar la súbita explosión de imaginación y capacidades intelectuales. Era el momento de domesticar el ego, facultad reforzada por estos nuevos poderes del cerebro humano. Era el momento de

---

[46] Citado en la Nota del Editor de *The Authentic Rubaiyyat of Omar Khayaam*; traducidas por Omar Ali-Shah (IDSI, Los Angeles, CA, 1993, pág. 7).
Versión en español: *Rubaiyyat*, (Editorial Sufi, 1995).

reorganizar la jerarquía interior de las facultades ordinarias del intelecto, corazón y ego. Adán estaba perfectamente preparado para esta tarea, ya que se había enfrentado a estos retos anteriormente en el mundo de los símbolos.

El próximo hito evolutivo lo señala la aparición de Noé. Era el momento de la formación de la mente creativa y requería la activación de las facultades Espíritu y Secreto. Se ilustra simbólicamente en la historia de Noé y su arca de tres niveles, que es una representación del cosmos compuesta del mundo animal, la humanidad y el macrocosmos.

El próximo Hombre Perfecto surgió cuando era el momento de formar la mente sublime. La aparición de Abraham marca la experiencia de la facultad Misteriosa.

La llegada de Moisés señaló la disponibilidad de las percepciones asociadas a la facultad Escondida.

La aparición de Jesús indicó la primera experiencia de la forma más elevada de la triplicidad ascendente. En la tradición de Jesús, este encuentro se denomina «tres deidades»:

> Jesús dijo: «Donde hay tres deidades, son divinas.
> Donde hay dos o una, yo estoy con esa una.
> (*El evangelio de Tomás*, 30)

De este modo, Jesús indicaba que representaba la forma de triplicidad más elevada. Sabía que sus discípulos eran incapaces de reconocerlo y, por tanto, les ayudaba diciendo que, aunque no podían ver estas «tres deidades», habían sido expuestos a todas ellas mediante su presencia.

La aparición de Mahoma fue la primera llegada de un hombre muy cercano al Absoluto. En consecuencia, a la persona corriente se le proporcionó el potencial de alcanzar su destino final.

Cada uno de estos seis milenios espirituales se asocia tradicionalmente con un individuo: Adán, Noé, Abraham, Moisés, Jesús o Mahoma, pero no significa que en cada una de esas épocas solo hubiera un individuo expuesto a esa experiencia evolutiva en concreto. En realidad, cada uno de estos individuos representa a un grupo de personas que atravesaron la misma, o similar, experiencia en esa época. Jesús comenta este hecho en *El evangelio de Tomás*:

> Jesús dijo: «De Adán a Juan el Bautista, no hay nadie nacido de mujer superior a Juan el Bautista. /.../ Pero he dicho que cualquiera de vosotros que se convierta en un niño conocerá el reino y será superior a Juan».
>
> (*El evangelio de Tomás*, 46)

Estos fueron los seis milenios espirituales de la antigüedad durante los cuales se puso a disposición de la humanidad una serie de potencialidades evolutivas. Desde entonces, usar plenamente su potencial depende del ser humano. Por eso puede decirse que el origen del hombre es muy lejano; tanto que, al hablar de su origen, se pueden usar expresiones como «más allá de las estrellas». Algunos de sus sentimientos y atracciones por formas de belleza naturales indican dicho origen. En la literatura mística, estas diversas formas de atracción suelen llamarse «amor». En su estado natural, el hombre se siente atraído por formas que pertenecen a la zona más baja del campo de consciencia universal, que se manifiestan en el mundo físico como estrellas, flores, pájaros, paisajes, otras personas. Sus atracciones están impulsadas por sus sentidos físicos de la vista, el oído, el gusto y el olfato. Otros tipos de atracción están estimulados por sus facultades del ego (codicia, poder), el corazón (sensualidad, emocionalidad) y el intelecto (ciencia, arte). Todas ellas se limitan a cosas manifestadas dentro del mundo físico. A medida que la persona desarrolla sus facultades interiores, sus atracciones se expanden a diversas formas y cualidades contenidas en los mundos invisibles y, de este modo, se enriquece su repertorio de «amor». Esta fase del proceso puede compararse a enrarecimientos de la verdadera realidad proyectada desde el Dominio. Hay una secuencia de enrarecimientos sucesivos, y cada uno aparece como absoluto en su propio campo de percepción de la belleza.

***

Las experiencias de Mahoma durante el Viaje Nocturno proporcionan detalles importantes que ayudan mucho a comprender la dinámica de todo el cosmos. Según esta tradición, que el Corán menciona brevemente, realizó un viaje a lo largo de todo el macrocosmos. En su ascenso se le mostró una escalera que subió con el ángel Gabriel a través de siete etapas del cielo. En su camino se encontró con varios profetas, incluyendo Abraham, Moisés y Jesús. A Gabriel no se le permitió pasar más allá del séptimo cielo. Después, Mahoma viajó solo. En algún punto terminó estando muy próximo al Absoluto. Esta proximidad se describe simbólicamente como «de dos arcos», es decir, un círculo formado por dos arcos:

A una distancia de dos arcos o (incluso) menos.
(*Corán*, 53:9)

Esta distancia de «dos arcos» indica que la experiencia humana, representada simbólicamente por «Mahoma», no estaba totalmente completada en ese momento. Mahoma no se aniquiló en presencia del Absoluto. Quedaban «dos arcos» de trazos terrestres adheridos a él. Para purificar del todo su mente, Mahoma, como todos los profetas anteriores, tenía que regresar a la Tierra y completar su servicio a la humanidad. Solo tras la muerte física podría continuar su viaje hasta su última experiencia.

Después de la muerte de Mahoma, la función de los custodios de la evolución humana se traspasó a una estirpe de guías necesarios para mantener el desarrollo de la humanidad. Su función es facilitar la activación de las facultades interiores de la mente humana. Los guías, igual que los profetas antes que ellos, tienen que experimentar el arco de ascenso (su «viaje nocturno» personal) y luego retornar para llevar a cabo su servicio. Como resultado de estas experiencias, logran acceso a un conjunto de modos del campo de consciencia. Su nivel de ascenso está correlacionado con las necesidades y potencialidades de las comunidades en las que viven. Actúan como *observadores* activos para su comunidad, y su función es dirigir el proceso evolutivo. Los guías son capaces de colapsar zonas nodales de los modos elevados del campo de consciencia universal. Las zonas colapsadas pueden centrarse en un individuo, un grupo de personas o un acontecimiento, o incluso pueden estar adscritas a un objeto o estructura especialmente diseñados. Se alude a dicha capacidad del guía como dar una «bendición» o invocar la «baraka». En el caso de un individuo, un guía puede activar sus facultades interiores de acuerdo con la potencialidad de esa persona, y solo cuando esta se ha preparado correctamente para tal experiencia. No obstante, la preparación no exige que el ego quede completamente dominado. Un guía puede llevar a ciertos individuos por encima de la zona intermedia. La experiencia puede inducirse antes de la muerte física de la persona, acelerando así su viaje espiritual.

Proporcionando acceso a las oscilaciones elevadas del campo de consciencia universal, un guía ayuda a atravesar la barrera entre el mundo físico y los mundos invisibles. Esto es posible porque el guía está presente en el mundo físico pero su mente opera en el macrocosmos, es decir, al otro lado de la zona intermedia. Tiene acceso a los modos de las oscilaciones elevadas del campo de consciencia universal y, por tanto, puede activar las oscilaciones que corresponden a las facultades interiores, elevando así la mente de una persona a un estado superior.

La física moderna descubrió un efecto análogo. Se conoce como salto cuántico o transición electrónica. En este efecto, el electrón puede saltar de una órbita más baja a una más alta absorbiendo un impulso externo de energía (fotón) y, de esta forma, se incrementa discretamente la energía de ese electrón.

Inducir la activación de las facultades interiores de la mente puede compararse al injerto de árboles o flores. Por lo tanto, un guía puede ennoblecer a otra persona injertando una muestra de la matriz evolutiva en su ser interior. Por eso se puede comparar al guía con un jardinero que, con su habilidad injertadora, puede hacer crecer una nueva especie en su jardín. Un injerto tal permite alcanzar la inmortalidad y por eso se denomina con frecuencia dominar el «tiempo». Shakespeare hace referencia a este proceso en sus sonetos. En el soneto 15, el mentor[47] del poeta indica que puede ayudarle a ganar la «guerra contra el tiempo»:

> Y en guerra contra el tiempo, por amor a ti,
> A medida que él te quita, yo te renuevo con injertos.
>
> (Soneto 15, 13-14)

Sin embargo, un individuo tiene que ser capaz de reconocer a su guía para que este pueda inducir experiencias constructivas. Reconocer al Hombre Perfecto solo es posible cuando el postulante, hombre o mujer, es «sincero». Para alcanzar este grado de sinceridad, la persona debe aprender a dejar de lado suposiciones automáticas que se basan en reglas empleadas para probar distintos tipos de fenómenos. He aquí un ejemplo de tal reconocimiento, tomado de un episodio de la vida de Jalaluddin Rumi:

> Una fría noche de noviembre, el misterioso derviche Shams se encontraba de pie ante la posada de los mercaderes de azúcar en Konya cuando Jalaluddin Rumi pasó por allí. Rumi iba sentado en su caballo mientras sus estudiantes se peleaban por caminar junto a él y sujetar su estribo. Acababa de dar una clase en el colegio de los mercaderes de algodón.
>
> Shams surgió de entre la multitud, agarró la brida del caballo y gritó:
>
> —Dime, ¿fue Mahoma el mayor siervo de Dios o lo fue Bayazid de Bistam?

---

[47] Hay dos voces en los sonetos: el poeta y su mentor. Ver *Shakespeare's Sonnets or How heavy do I journey on the way*, W. Jamroz (Troubadour Publications, Montreal, 2014, pág. 7). Versión en español: *Shakespeare y su maestro: los sonetos*, Editorial Sufi, 2015).

Rumi sintió que los ojos de Shams atravesaban los suyos hasta alcanzar la esencia misma de su ser, causando flujos de energía por dentro de su cuerpo. Rumi respondió:

—Mahoma era incomparablemente el mayor, el más grande de todos los profetas y santos.

Luego Shams dijo:

—Entonces, ¿por qué dijo Mahoma: «No Te hemos conocido como se Te debe conocer», mientras que Bayazid dijo: «¡Gloria a mí! Cuán grande es mi gloria»?

Al oír esto, Rumi se desmayó. Cuando volvió en sí, explicó:

—La sed de Bayazid se sació con una sola copa, y su capacidad quedó satisfecha con un trago; mientras que la sed y la capacidad del Profeta eran ilimitadas e inconmensurables.[48]

El meollo de este encuentro es que, cuando Shams hizo la pregunta, Rumi no sabía la respuesta. Shams pudo exponer a Rumi a un nivel más elevado de consciencia. Cuando Rumi regresó de su breve «viaje», sabía la respuesta. De esta forma Shams eligió a Rumi como su discípulo y Rumi reconoció a su guía en Shams.

La historia «El sultán que se convirtió en un exiliado» brinda un ejemplo de cómo un guía puede inducir en una persona una experiencia extraordinaria. No obstante, la cualidad de dicha experiencia está en función de la disposición de esa persona. Como se explica al final de la historia, en el caso

---

[48] El autor ha extractado esta versión de la historia de *The Whirling Dervishes*, Shems Friedlander (State University of New York Press, Albany, NY, 1992, pág. 45).

de un hombre no preparado, la experiencia tiene un valor limitado:

Se cuenta que un sultán de Egipto convocó una conferencia de eruditos y enseguida, como suele ocurrir, surgió una disputa. El tema era el Viaje Nocturno de Mahoma. Se dice que, en esa ocasión, el Profeta fue llevado de su cama a las esferas celestiales. En ese periodo vio el paraíso y el infierno, consultó a Dios noventa mil veces, tuvo muchas otras experiencias y fue devuelto a su habitación cuando su lecho estaba todavía templado. Una jarra de agua que había sido volcada con el vuelo aún no se había vaciado cuando regresó el Profeta.

Algunos opinaban que esto era posible, debido a una distinta medida del tiempo. El sultán afirmó que era imposible.

Los sabios dijeron que, para el poder divino, todo es posible. Esto no satisfizo al rey.

La noticia de este conflicto llegó a oídos del sheikh sufí Shahabudin, el cual se presentó de inmediato en la corte. El sultán mostró la debida humildad al maestro que dijo:

—Tengo intención de proceder sin más demora a efectuar mi demostración: pues sabed ahora que ambas interpretaciones del problema son incorrectas, y que hay factores demostrables que pueden explicar las tradiciones sin necesidad de recurrir a burdas especulaciones o «logicalidad» insípida y desinformada. ...

Entonces el sheikh ordenó que trajeran un recipiente con agua y que el sultán metiera su cabeza en él un instante. Tan pronto como lo hizo, el sultán se encontró solo en una costa desierta, un lugar que no conocía.

Llevado por la furia ante el hechizo del traicionero sheikh, el sultán juró vengarse.

Al poco tiempo se encontró con unos leñadores que le preguntaron quién era. Incapaz de explicar su verdadera condición, les dijo que era un náufrago. Le dieron alguna ropa y llegó a una ciudad donde un herrero, al verle vagar sin rumbo, le preguntó quién era.

—Soy un mercader que ha naufragado, supeditado a la caridad de leñadores, sin recurso alguno —respondió el sultán.

El hombre le contó una costumbre del país. Todos los recién llegados podían pedir en matrimonio a la primera mujer que saliera de los baños, y ella estaba obligada a aceptar. Fue a los baños y vio salir a una hermosa doncella. Le preguntó si ya estaba casada... Ella dijo que no, pero se fue corriendo, ofendida por su pobre apariencia y ropas.

De repente un hombre se paró ante él y dijo:

— Me han enviado aquí a buscar un hombre desaliñado. Sígueme, por favor.

El sultán siguió al sirviente y le llevaron a una casa maravillosa, en una de cuyas suntuosas habitaciones estuvo sentado durante horas. Finalmente, entraron cuatro bellas mujeres magníficamente ataviadas, precediendo a una quinta, más hermosa aún. El sultán la reconoció como la mujer a quien se había acercado en la casa de baños.

Ella le dio la bienvenida y explicó que se había apresurado a volver a casa y prepararse para su llegada, y que su altivez era una de las costumbres del país, que todas las mujeres practicaban al ir por la calle...

El sultán se quedó siete años con su nueva esposa: hasta que dilapidaron todo su patrimonio. Entonces la mujer le dijo que, ahora, él debía proveer el sustento para ella y sus siete hijos.

Recordando a su primer amigo en la ciudad, el sultán regresó al herrero para pedirle consejo. Como el sultán no tenía oficio ni capacitación, le aconsejó que fuera al mercado y ofreciera sus servicios como porteador. En un día, llevando una enorme carga, solo ganó una décima parte del dinero que necesitaba para la comida de la familia.

Al día siguiente el sultán se dirigió otra vez a la costa donde encontró el sitio del que había emergido siete largos años antes. Decidiendo hacer sus oraciones, empezó a lavarse en el agua cuando, repentina y dramáticamente, se encontró de vuelta en el palacio, con el recipiente de agua, el sheikh y sus cortesanos.

—¡Siete años de exilio, hombre malvado! —rugió el sultán—. ¡Siete años, una familia y tener que trabajar de porteador! ¿Acaso no temes a Dios Todopoderoso por haber realizado esta acción?

—Pero si solo hace un instante —dijo el maestro sufí— estabas con la cabeza en el agua.

Los cortesanos lo confirmaron.

El sultán no podía creer ni una palabra. Empezó a dar órdenes para que decapitaran al sheikh. Percibiendo con su sentido interior que esto estaba a punto de ocurrir, el sheikh ejerció su capacidad llamada *Ilm el-Ghaibat*, la ciencia de la ausencia. Esto hizo que fuera instantánea y corporalmente transportado a Damasco, a muchos días de distancia.

Desde allí le escribió una carta al rey:

«Pasaron siete años para ti, como habrás descubierto ya, durante el instante que tuviste la cabeza en el agua. Esto ocurre mediante el ejercicio de ciertas facultades, y no tiene importancia especial, salvo para ilustrar lo que puede ocurrir...

El elemento importante no es si una cosa ha sucedido o no. Todo puede suceder. Sin embargo, lo que es importante es la relevancia de lo ocurrido. En tu caso, no había relevancia. En el del Profeta, había relevancia en lo que sucedió».[49]

Las aventuras del sultán demuestran su estado interior actual, en el que no es capaz de sobrevivir en el mundo invisible («un lugar que no conocía»). Aunque hay modos de consciencia más elevados disponibles (mujeres que «no están casadas»), no está capacitado para desarrollar sus facultades interiores, lo que se ilustra simbólicamente como su incapacidad de mantener a su esposa y sus «siete hijos».

El Hombre Perfecto tiene que cumplir dos funciones. La primera es organizar al hombre de una manera segura, justa y pacífica, para que establezca y ayude a mantener unas comunidades. Una comunidad que funciona correctamente permite estimular a las personas ordinarias para que ajusten sus actos de forma que estén armonizadas con esa comunidad. Esto suministra el patrón externo de una mente equilibrada y ayuda en la formación de una mente racional que opere correctamente. Es decir, este es el mínimo requerido para preservar a la raza humana.

La segunda función es interior: conducir a las personas de la estabilización externa al comportamiento que las despierta y las ayuda a ser permanentes.

---

[49] *Tales of the Dervishes*, Idries Shah, pág. 35. (Ver nota 29).

El descenso del alma

El amor humano ordinario es capaz de elevar al hombre hasta la experiencia del amor real.

(Hakim Jami)

Es el estado de la mente humana el que impulsa la historia y el bienestar de las sociedades. En diferentes momentos históricos, en comunidades seleccionadas de zonas geográficas designadas, se activaron deliberadamente los diversos nodos del campo de consciencia. El nacimiento y muerte de cada civilización se trazó de acuerdo con el plan cósmico general. Así se desarrollaron sucesivamente las distintas civilizaciones. Los varios modos del campo de consciencia, en sus formas de onda, se almacenaron incorporándolos a estructuras arquitectónicas especialmente diseñadas, como ciertos edificios, plazas de ciudades, castillos, catedrales, monasterios, jardines. Estas estructuras servían como almacén temporal de funciones de onda específicas del espectro evolutivo en las áreas geográficas elegidas.

A veces tales estructuras tenían formas inusitadas que planteaban numerosos interrogantes sobre la razón de su existencia. Por ejemplo, Castel del Monte es uno de los edificios más espectaculares de la Italia meridional. Se podría considerar que es una versión simplificada del operador científico de la ecuación «pérgola». Construida en piedra de la localidad, el enorme volumen octogonal en forma de corona tiene dos plantas con dieciséis habitaciones trapezoidales, ocho en cada planta. En cada una de las ocho esquinas hay una torre octogonal. Los historiadores han descrito Castel del Monte como una «construcción ideal e inútil» y un «extraño laberinto». Un reto similar para los historiadores es la torre Evraud, en la abadía de Fontevraud, en Francia. Este edificio está coronado por un capirote octogonal y rodeado de ocho nichos redondos. Nuevamente, hay mucha controversia sobre el propósito de esta extraña estructura. Algunos creen que los nichos servían como chimeneas gigantes y que, por tanto, la torre Evraud se usaba como cocina; otros arguyen que era un ahumadero.

Tales lugares «sensibilizados» solían convertirse en sitios de peregrinación, porque atraían a la gente que sentía que había algo especial en ellos. Al visitarlos, las personas pueden experimentar algo positivo. No obstante, cada uno de estos lugares tiene una capacidad limitada para absorber la negatividad asociada al emocionalismo y fanatismo que suelen traer consigo las grandes multitudes de visitantes. Por tanto, después de un tiempo, puede que semejante lugar «corte» su carga evolutiva. En este punto, tales edificios suelen destruirse o convertirse en un lugar para las artes, los espectáculos u otras actividades comerciales.

***

Para gente de todo el mundo el Taj Mahal, mausoleo de la emperatriz mogol Mumtaz Mahal, es sinónimo de la India. El Taj Mahal, una de las siete maravillas del mundo moderno, es sin duda uno de los edificios más espectaculares. Contiene elementos de la pérgola del pergolero y algunas características de la figura geométrica parecida a un cristal de los físicos teóricos. Pero hay algo más, algo que ni la naturaleza ni la estética de las ecuaciones matemáticas pueden reproducir.

Una de las cosas más llamativas y fascinantes del Taj Mahal es que su diseño representa el viaje del alma a través de los diversos estratos cósmicos. No solo ilustra ese viaje, sino que permite experimentarlo.

En febrero de 2004 estaba con amigos en Agra, la India, donde se encuentra el Taj Mahal. Esta es mi versión de tal experiencia:

Salimos de nuestro hotel antes del amanecer. Queríamos ver el Taj Mahal a la salida del sol. Ya había mucha gente allí, una mezcla de turistas, mendigos, ancianos decrépitos, madres con niños pequeños pidiendo dinero, jovencitos intentando vender agresivamente sus mercancías. Todo era bastante caótico, molesto y, a veces, incluso irritante.

Se entra al Taj Mahal a través del arco de la torre roja, decorada con inscripciones caligráficas que incluyen el texto del versículo coránico «El amanecer». Metafóricamente, la entrada representa el nacimiento de una nueva alma. Pasar por el portalón fue como experimentar el punto de transición entre la nada y la llegada al macrocosmos. De hecho, entramos en un mundo muy diferente. Vimos el jardín y, en la distancia, algunas siluetas de los muros, cúpulas y minaretes del Taj Mahal. Se construyó en la época de la conquista de la India por las tropas mogoles. Shah Jahan (1592-1666) era un soldado y hombre de estado, nieto del gran Akbar (1542-1605).

Shah Jahan pasó la mayor parte de su vida en campañas militares. Su esposa, la bella Mumtaz Mahal (el tesoro del palacio) fue su constante compañera. En 1631, durante una de esas expediciones militares, Mumtaz Mahal murió.

Hay una leyenda interesante sobre el diseño del jardín y el Taj Mahal, según la cual Mumtaz Mahal, en su lecho de muerte, pidió a Shah Jahan que construyera una hermosa tumba como un palacio, con un exuberante jardín que ella había visto en un sueño la noche anterior. Tras su muerte, el rey llamó a los arquitectos. Le propusieron diversos planos de la tumba, pero no aprobó ninguno. En Agra había un hombre sabio. Le llevó al rey un diseño único, se lo presentó y dijo: «Este es el diseño del mismo palacio que la reina vio en su sueño. Os lo doy para que ejecutéis su voluntad». El rey lo aprobó y el Taj Mahal se edificó. La construcción empezó en 1631 y tardó veintidós años en completarse. En ella trabajaron veinte mil personas.

Se ha encontrado recientemente una prueba que da una nueva dimensión a la citada leyenda: se ha descubierto que el diseño del jardín y del Taj Mahal se basa en un diagrama descrito por Ibn al-Arabi, un místico andalusí del siglo XII. En su obra *Las revelaciones de la Meca*, este diagrama estaba relacionado con el Jardín del Paraíso, que él experimentó durante un viaje espiritual. Dicho diagrama fue el plano de lo que se considera el edificio más bello del mundo.

Me quedé asombrado contemplando el Taj Mahal. Es una estructura muy grande. El mausoleo, en lugar de ocupar el centro —como en otras partes de Asia— se alza majestuosamente en el extremo norte, justo encima del río Jumna. En el centro del jardín, a mitad de camino entre el mausoleo y el portalón, hay un estanque elevado, colocado de tal modo que refleja perfectamente el Taj Mahal en sus aguas. El reflejo es tan perfecto que parece el original, y el Taj Mahal su reflejo en otro mundo. Este estanque alimenta cuatro canales que salen hacia el norte, sur, este y oeste.

Representan las cuatro facultades interiores uniéndose para formar la quinta, la que permite ver la Realidad. El «cuerpo» terrestre (el Taj Mahal) es solo un reflejo parcial de esa realidad.

Fuentes e hileras de cipreses adornan solo los canales de la dirección norte-sur. Así se desvía la atención del visitante de los laterales y se la dirige hacia el norte, donde se halla el Taj Mahal. En la cambiante luz del sol naciente no podía distinguir los detalles del mausoleo. El jardín estaba lleno del perfume de las flores y había muchos pájaros piando alegremente. Sentía la húmeda y fresca brisa en mi cara. El Taj Mahal se mostraba luminoso. Las blancas cúpulas y minaretes parecían irradiar luz propia. Permanecí allí contemplando el Taj Mahal, intentando captar y grabar en mi memoria todos los detalles del edificio y cuanto me rodeaba. ¡Era una escena maravillosa! Tenía la impresión de que el Taj Mahal estaba vivo. Todo el lugar era como una criatura viviente; respiraba, se movía, cantaba, crecía, cambiaba sus colores. Al principio, justo antes de que saliera el sol, el Taj Mahal era blanco, apenas visible contra el cielo azul. Luego fue enrojeciendo con los rayos del sol naciente. Más tarde se volvió amarillo. Como una flor, crecía y se mecía con la brisa matutina. Me hubiera quedado allí para siempre, hechizado por la magnífica vista. Pero no era solo la vista, era la sensación de que esta imagen se movía por dentro profundamente. Parece que el Taj Mahal se diseñó de manera que la entrada en forma de arco forzara a los visitantes a pasar por un punto donde se encontrarían en el foco de todos los impactos que irradian allí: imágenes, colores, sonidos, aromas, brisas, movimientos. Todo ello desencadenaría algo muy profundo en sus seres, algo muy íntimo, armónico y feliz.

Empezamos a caminar hacia el Taj Mahal; era como un enorme imán que nos atraía hacia él. Fue un trayecto fascinante, como viajar por un teleobjetivo a través del espacio, el tiempo y las impresiones. El edificio del mausoleo se alzaba ante nosotros; crecía y crecía. Al mismo tiempo, la imagen del jardín disminuía. En su lugar, los detalles de la decoración y el diseño del edificio se introducían paulatinamente en nuestra vista. Todavía podía sentir el impacto inicial que tuve en el arco de entrada, pero el origen del impacto ya no estaba allí; de alguna forma se había velado gradualmente.

Nos acercamos a la plataforma de mármol sobre la que se levanta el Taj Mahal con sus cuatro minaretes en las esquinas. Los portales están adornados con el texto del versículo «Ya-Sin», con sus poderosas palabras: «Sea, y es». Los calígrafos de Shah Jahan realizaron una increíble ilusión óptica al incrustar esta caligrafía de piedra negra en el blanco mármol. Era el mismo truco de falsa perspectiva que usa el pergolero, el pájaro arquitecto. Las letras están inscritas muy densamente en la parte de abajo, con poca superficie en blanco entre ellas. A medida que la inscripción sube, se va esparciendo y hay más superficie en blanco entre las letras. Esto hace que las letras parezcan del mismo tamaño, en la parte superior y en la inferior.

Los muros externos del Taj Mahal están hechos con paneles de mármol blanco, decorados con tallas de flores sin color. Recuerdo haberme sorprendido al mirarlas. De alguna forma, parecía que estos elaborados paneles de mármol eran muy sencillos, incluso que no estaban acabados del todo. Les faltaba algo. Subimos y llegamos a las puertas que conducían al interior del mausoleo. En el interior, dos plantas de ocho estancias rodean una cámara central, que es octogonal. El interior del mausoleo es como una estructura geométrica multidimensional. Las paredes interiores están totalmente cubiertas de flores de piedra, y puertas y ventanas talladas. Las preciosas flores se hicieron con piedras de colores incrustadas en el mármol blanco. En el medio, rodeadas por una celosía de mármol tallado, había dos tumbas blancas, en el centro la de la emperatriz y, junto a ella, la de Shah Jahan. Estaban alineadas con el eje norte-sur y sobre ellas una lámpara de aceite ardía en un farol de bronce.

Cuanto más miraba, más claramente veía que allí había algo extraño. Tenía la sensación de que los diseñadores del Taj Mahal se habían esforzado por transmitir un mensaje a quienes visitaran el asombroso lugar.

Miré a la lámpara de aceite que ardía sobre la tumba. La trémula luz era tenue e insignificante en comparación con la luminosidad del Taj Mahal. ¡Pero esta lámpara era lo único que estaba vivo en la cámara! Era lo único que se parecía a la criatura viviente que me había encontrado en el jardín. Todo lo demás en el interior de la cámara, a pesar de su increíble decoración, estaba quieto, congelado. No había movimiento, ni brisa, ni cambiantes colores. No obstante, tenía rastros e indicaciones de la vida exterior. Había flores frescas y la atenuada luz del sol filtrándose a través de la celosía esculpida en las galerías laterales. Me daba la impresión de que la cámara, hermosamente decorada, pero de alguna forma inanimada, era como el cuerpo humano. Me sentí como un alma atrapada en un cuerpo mortal, igual que esta pequeña lámpara. Aunque la diminuta luz ardiente parecía insignificante y fácil de apagar, era esa luz la que pertenecía y formaba parte de la entidad eterna que residía fuera. Esta luz era el «punto» brillante escondido en el ser interior del hombre; era el verdadero «tesoro del palacio».

En ese momento uno de los guías del Taj Mahal levantó la cabeza y exclamó con voz fuerte: «¡Allah!».

El efecto de la llamada del guía fue tal como describió Peter Ouspensky, que visitó el Taj Mahal en 1914, en el relato de sus experiencias: *A New Model of the Universe*:

> Su voz llenó todo el inmenso espacio de la cúpula sobre nuestras cabezas y, cuando se iba apagando muy lentamente, de repente resonó un claro y poderoso eco simultáneamente en las cúpulas laterales desde los cuatro lados:
> —¡Allah!
> Los arcos de la galería respondieron, pero no todos a la vez; uno tras otro sus voces se elevaban por todas partes como si se llamaran entre sí.
> —¡Allah! ¡Allah!
> Y entonces, como un coro de mil voces o un órgano, la propia cúpula resonó, ahogando todo con su solemne y profundo bajo:
> —¡Allah!
> Otra vez, pero más quedamente, las galerías y cúpulas laterales respondieron, y la gran cúpula resonó una vez más, a menor volumen, y los leves, casi susurrantes tonos de los arcos interiores volvieron a hacer eco de su voz.
> El eco quedó en silencio. Pero incluso en el silencio parecía como si una nota muy, muy lejana siguiera sonando.[50]

---

[50] *A New Model of the Universe* (Un nuevo modelo del universo), P.D. Ouspensky (Vintage Books, Nueva York, 1971, pág. 334).

¡La cámara parecía despertarse! El guía sabía cómo dar vida a aquel lugar. Invocando el nombre de Dios conectó este caparazón de mármol con la entidad viviente. Dentro de este cuerpo durmiente, activó el vínculo con el jardín: una ilustración simbólica del colapso de diversos modos de consciencia. Esta cámara terrenal estaba conectada con la entidad viviente mediante las hermosas celosías talladas en las galerías laterales, por medio de las flores rojas traídas del jardín, a través de los canales acústicos que producían los ecos en respuesta al grito del guía.

En ese momento pensé que entendía la historia, atribuida a Hasan de Basra, sobre el niño con una luz:

> Le pregunté a un niño, que caminaba con una vela,
> «¿De dónde viene esa luz?»
> Al instante sopló y la apagó.
> «Dime dónde ha ido –
> y yo te diré de dónde viene».[51]

Pensé que sabía de dónde venía la luz y adónde iba. En ese instante supe que la fuente de luz estaba fuera; estaba en el jardín, con aquellas avenidas, cipreses y fuentes. El poema de Hakim Sanai me dio una indicación adicional:

> Cuando la vida finalmente sale por la puerta,
> tu destrozada alma se renueva de inmediato;
> tu forma se libera de las cadenas de la naturaleza,
> y tu alma devuelve el préstamo del espíritu.[52]

Lentamente empecé a comprender el mensaje de los diseñadores del Taj Mahal. Es como una guía inscrita en este

---

[51] *The Sufis*, Idries Shah, pág. 235 (ver nota 15).
[52] *The Walled Garden of Truth*, Hakim Sanai, pág. 49. (Ver nota 9).

lugar que describe el viaje del alma humana por los diversos estratos del macrocosmos. Visitar el Taj Mahal es como seguir el paso del alma humana. La entrada por el arco es «el amanecer», es como experimentar la creación del alma, «Sea, y es». El paso a través del jardín es el descenso del alma al dominio terrestre; en su recorrido atraviesa diferentes niveles de los mundos invisibles. Al pasar junto al estanque, el alma adquiere el «punto» divino. Traspasar la puerta del mausoleo es el alma entrando en una forma humana. Estar dentro de la cámara es nuestra vida terrenal. Una vida tan atractiva y bellamente decorada, pero cuyas decoraciones están para cubrir la coraza de mármol inanimada y recordarnos su verdadera naturaleza. Luego, el Taj Mahal nos recuerda que, aunque esta vida haga jirones al alma, esta siempre está conectada con su origen divino. En algún momento, el alma se libera de las cadenas de la naturaleza y regresa a su origen, «devuelve el préstamo del espíritu».

Abandonamos la cámara y paseamos nuevamente por el jardín. Podíamos ver un grupo de visitantes como un flujo de almas que recorrían lentamente las avenidas de cipreses hacia su destino terrestre. Era un flujo continuo de almas con turbantes de colores y vestiduras de variados tonos, amarillo, rojo, blanco, negro y verde. Este flujo de visitantes era también parte del diseño del Taj Mahal, parte de su enseñanza mística sobre el vínculo entre la humanidad y la eternidad.

Salimos del complejo. Estábamos de vuelta en el mundo que habíamos dejado apenas unas horas antes, de vuelta a la realidad caótica y ruidosa. Pero me pareció que ahora este mundo era, de alguna manera, distinto. Experimentando el Taj Mahal nos habíamos enriquecido de algún modo. Todos portábamos con nosotros un hilo invisible que nos unía a este bello y majestuoso jardín. Llevábamos este hilo, de la forma que fuese, a las calles de Agra, a nuestros hogares, familia y amigos. Ahora sabía que el Taj Mahal era un lugar para experimentarlo, sentirlo y aprender de él.

Mediante instrumentos y artefactos como el Taj Mahal, el hombre se expone a impactos que pueden hacer que se dé cuenta de su potencial evolutivo. Si consigue reconocerlo, podrá aumentar su existencia infinitamente. Si no lo hace, se irá reduciendo hasta desaparecer.

Destino

Debes prepararte para la transición en la que no habrá ninguna de las cosas a las que estás acostumbrado.

(Al-Ghazzali)

El modelo científico actual, al describir el porvenir del universo, ofrece dos posibilidades: o bien se seguirá expandiendo o bien la expansión del universo se invertirá y conducirá a su colapso.

Según dicho modelo, lo que determina el futuro del universo es la densidad de la materia. Esta propiedad física, la densidad, determina la potencia de la fuerza gravitatoria. La primera opción presume que la densidad del universo es menor que un valor determinado que se ha definido como densidad crítica. En este caso, la fuerza gravitacional no será suficiente para detener la expansión del universo y, en consecuencia, el universo se expandirá tan rápidamente que la gravedad no podrá detenerlo nunca.

En la segunda opción, el universo se expande a una velocidad lo bastante lenta como para que la fuerza gravitacional entre las galaxias pueda hacer que la expansión reduzca su velocidad, lo que acabaría llevando a que la expansión se detuviera y se revirtiera el proceso, y el universo empezaría a contraerse. Toda la materia comenzaría a viajar hacia dentro, acelerando a medida que pasaba el tiempo. Al final, toda la materia se colapsaría en agujeros negros que, entonces, se fusionarían, produciendo un *big crunch*, o gran implosión. Esta opción requiere que el espacio y el tiempo sean espacialmente finitos. No obstante, las pruebas recientes sugieren que la expansión del universo no se está reduciendo, más bien se está acelerando.

Sin embargo, hay un problema importante con la estimación de la densidad del universo. Si se suman todas las masas de todas las estrellas y galaxias, el valor total es inferior al necesario para explicar ni siquiera la dinámica del universo observada actualmente. Los cálculos indican que muchas galaxias deberían disgregarse en lugar de rotar, o no deberían moverse como lo hacen, o no tenían que haberse formado en absoluto. Por tanto, la conclusión es que hay alguna *sustancia* desconocida que contribuye al comportamiento general del universo. Además de esta sustancia, también se necesita otro tipo de *energía* desconocida para explicar la velocidad de expansión del universo.

Los físicos teóricos solucionaron temporalmente este problema determinando que la *sustancia* desconocida se debía a la existencia de «materia oscura» y la *energía* desconocida a la existencia de la «energía oscura». Se supone que la materia y energía oscuras abundan en el universo y han tenido gran influencia en su estructura y evolución.

La materia oscura se denomina «oscura» porque no parece interactuar con la radiación electromagnética, como la luz, y es, por tanto, invisible para todo el espectro electromagnético, lo que hace que sea imposible de detectar empleando los equipos astronómicos disponibles.

Se cree que la materia oscura está compuesta por partículas subatómicas aún no descubiertas. Lo que significa que, mientras la naturaleza y estructura de la materia oscura sigan siendo desconocidas, es imposible que la ciencia llegue a una conclusión sobre el futuro del universo.

***

El modelo del oscilador cósmico descrito en este libro proporciona una imagen mucho más clara de la estructura del universo. Según este modelo, la consciencia es una forma de energía. Todo el universo está lleno del campo de consciencia universal, compuesto por múltiples ondas estacionarias que penetran todos y cada uno de los puntos del universo. Los nodos de las ondas estacionarias se manifiestan como diversas formas de materia, los antinodos permanecen en su forma de onda.

De acuerdo con la ecuación de Einstein, hay una relación entre la energía y la materia. Por tanto, el modelo de oscilador cósmico implica que hay una relación entre la consciencia (C) y la materia (M), que puede expresarse en forma de un número complejo como la suma de dos componentes:[53]

$$C = \alpha M + i \beta M$$

El primer componente (αM) indica la parte de consciencia universal manifestada como materia física (α es un coeficiente normalizador). El segundo componente ($i \beta M$) representa la parte del campo de consciencia dentro del universo que permanece en su forma de onda. Puede decirse que este segundo componente representa la «materia virtual» (donde «i» es la

---

[53] Los números complejos se usan en física como una herramienta de cálculo. Un número complejo se compone de dos partes, la «real» y la «imaginaria». La parte imaginaria se denota con la unidad imaginaria «i». En mecánica cuántica se emplean los números complejos para describir fenómenos ondulatorios para partículas como los electrones y neutrones.

unidad imaginaria; β es el coeficiente normalizador). La materia virtual es un fenómeno de campo. Lo que los físicos han identificado como «materia oscura» y «energía oscura» es la presencia de esta materia virtual.[54]

Los físicos estiman que, en el momento actual, aproximadamente un 68% del universo es energía oscura, y un 27% es materia oscura. Lo que significa que la materia ordinaria solo supone un 5% de todo el universo.[55] Estimar la proporción de la materia ordinaria y la virtual en diferentes etapas de la formación del universo permitiría determinar los valores de los coeficientes normalizadores α y β.

La mencionada relación entre consciencia y materia indica la existencia de partículas elementales virtuales. Igual que los *relatones*, estas partículas virtuales actuarían de intermediarios entre la materia y el campo de consciencia universal.[56] Tales partículas por descubrir serán cualitativamente mucho más sofisticadas que las que ya se han descubierto hasta el momento.

Hay otro aspecto de la materia virtual que puede resultar de interés para los cosmólogos, ya que puede ayudar a resolver otro gran misterio del universo. Concretamente, la conversión del grado más inferior de la consciencia en materia no se detuvo con el Big Bang. Es un proceso continuo, aunque

---

[54] Joe Griffin e Ivan Tyrrell fueron los primeros en sugerir la conexión entre el campo de consciencia y la materia oscura y para describirla emplearon el término «materia subjetiva». (*Godhead: The Brain's Big Bang*, Joe Griffin e Ivan Tyrrell, pág. 143 – ver nota 42).
[55] «Dark Energy, Dark Matter», incluido en la página web de la NASA: https://science.nasa.gov/astrophysics/focus-areas/what-is-dark-energy (6 de noviembre, 2019).
[56] El concepto de relatones lo describen Joe Griffin e Ivan Tyrrell en *Godhead: TheBrain's Big Bang*, pág. 140 (ver nota 54).

continúa a una velocidad mucho menor. Esto significa que la materia virtual se va convirtiendo en materia ordinaria lenta pero continuamente. Los cosmólogos han observado este efecto como un flujo de partículas conocido como «rayos cósmicos». Los rayos cósmicos tienen tanta energía que los cosmólogos todavía están desconcertados al respecto de qué objeto en el universo puede haberlos creado. En consecuencia, llamaron a la partícula de los rayos cósmicos con mayor energía la «partícula Oh-Dios-mío».

***

Según los místicos, el universo no seguirá ninguna de las opciones propuestas por los físicos hasta el momento. Recordemos que los místicos afirman que el universo se creó para proporcionar un entorno adecuado en el que apareciera el hombre, el observador. Por eso se le impuso la corporalidad, efectuada situando al hombre en el mundo material. La materia impone dos limitaciones: el espacio y el tiempo. El espacio era necesario para establecer el recinto en el que sería posible crear las condiciones para que apareciera la vida. El tiempo era necesario para determinar el periodo en el cual el hombre tenía que llevar a cabo su tarea. Esto significa que el universo debe ser finito, tanto espacial como temporalmente. La finitud temporal del universo implica un «final de los tiempos» cósmico.

La duración de la vida del universo está establecida con cierto margen, para tener en cuenta los errores del hombre. Es decir, debe haber una especie de temporizador capaz de controlarla. Esto puede sonar más a fantasía que a una posibilidad remotamente viable. Sin embargo, en el modelo expuesto de oscilador cósmico, tal temporizador es concebible.

Concretamente, el campo de consciencia funciona como temporizador de la duración del universo. En algún punto, el proceso de creación se invertirá: el «final de los tiempos» se iniciará con la desconexión gradual de las oscilaciones del campo de consciencia.

Al principio se pondrá fin a las oscilaciones asociadas con la forma más elevada de consciencia en el universo: se eliminará el «punto» de la mente humana. Esto señalará el fin de la raza humana. Después, ya no habrá humanos; la humanidad en su forma terrestre actual dejará de existir. Para entonces, la raza humana habrá sido transferida a la zona intermedia, la que separa el macrocosmos del mundo físico. Es decir, la humanidad será transformada o «resucitada» en su nueva forma dentro de la zona intermedia. En los textos religiosos, este suceso se conoce como el «Juicio Final».

Posteriormente, se irán desconectando paulatinamente las oscilaciones asociadas a la formación de otros sistemas orgánicos. De este modo se invertirá el proceso de creación. En algún punto, el universo se disolverá en la «nada» física. Shakespeare insinúa este acontecimiento en el parlamento de Próspero, en *La tempestad*, cuando disuelve una visión que había creado para entretener a su hija y al amante de esta. Compara esta visión al universo. Así describe Próspero el «fin de los tiempos»:

> Nuestras diversiones han terminado. Nuestros actores,
> como os avisé, eran todos espíritus
> y se han esfumado en el aire;
> y como la tela sin base de esta visión,
>   las torres coronadas de nubes, los magníficos palacios,
>   los templos solemnes, el propio gran globo

y todo lo que contiene, se disolverán
igual que se ha desvanecido este espectáculo ilusorio
sin dejar atrás ni una estela. Somos la sustancia
sobre la que se hacen los sueños y
un dormir tornea nuestra pequeña vida»
(*La tempestad*, IV.1)

La situación al final del tiempo se describe alegóricamente en una historia llamada «Cuando se cambiaron las aguas». A veces se compara la consciencia con el aire que respiramos o el agua que bebemos; el cambio de las «aguas» corresponde a la terminación del acceso a los modos más elevados de consciencia:

> Una vez Khidr, el maestro de Moisés, apeló a la humanidad y le hizo una advertencia. En determinada fecha, dijo, desaparecería toda el agua del mundo que no se hubiera almacenado de manera especial. Luego se renovaría, con un agua diferente que volvería locos a los hombres.
>
> Un hombre escuchó el significado de este consejo. Recogió agua y fue a un lugar seguro, donde la guardó, y esperó hasta que el agua cambiara su naturaleza.
>
> En la fecha fijada, los arroyos dejaron de correr, los pozos se secaron y el hombre que había escuchado, al ver lo que ocurría, fue a su refugio y bebió del agua que había conservado.
>
> Cuando vio, desde su protección, que los ríos empezaban a fluir de nuevo, este hombre descendió junto a los otros hijos de los hombres. Observó que todos pensaban y hablaban de una forma completamente distinta a como solían hacerlo; sin embargo, no recordaban lo que había ocurrido ni tampoco que les hubieran advertido. Cuando intentó hablar con ellos se percató de que pensaban que es-

taba loco y mostraban hostilidad o compasión, pero no comprensión.

Al principio no bebió nada del agua nueva, sino que cada día volvía a su escondite y bebía de su reserva. Pero finalmente decidió beber el agua nueva porque no podía soportar la soledad de vivir, comportarse y pensar de manera diferente a todos los demás. Bebió del agua nueva y se volvió como los otros. Entonces se olvidó de su propia reserva de agua especial y sus semejantes empezaron a considerarle como un loco que milagrosamente había recobrado la cordura.[57]

Ibn al-Arabi alude a esta fase del proceso. Mencionó que habrá un momento en que aparecerá el último Hombre Perfecto. En su época los hombres y mujeres se volverán infértiles; no nacerán niños. Después, los hombres se volverán como animales, carentes de sentimientos y leyes. En ese momento futuro, la raza humana desaparecerá gradualmente.[58] Esta descripción se refiere simbólicamente a la «esterilidad» evolutiva del hombre, cuando la humanidad será impotente en cuanto al desarrollo. Así indica Ibn al-Arabi que el eslabón inferior de la síntesis divina, de la que formamos parte, llegará a su fin y se acabará.

***

Veamos cómo percibe la ciencia el futuro de la humanidad y qué opciones ofrecen los físicos modernos.

---

[57] *Tales of the Dervishes*, Idries Shah, pág. 21 (ver nota 28).
[58] *The Bezels of Wisdom*, Ibn Al 'Arabi; traducido por R.W.J. Austin (Paulist Press, Inc., Mahwah, NJ, 1980, pág. 70). Versión en español: *Los engarces de la sabiduría* (Editorial Sufi, 2013).

Según la ciencia, dentro de diez mil millones de años el Sol se agrandará y absorberá la Tierra. Este es el marco temporal en el cual una forma de vida inteligente ha de dominar el viaje espacial para escapar de la aparente catástrofe.

La idea preponderante que propugnan los físicos es encontrar otro planeta (exoplaneta) habitable en el que la raza humana pueda seguir existiendo. El concepto del viaje «cósmico» como medio de preservar a la humanidad ha llegado a la mente humana a través de la ciencia ficción. Después se ha convertido en la fuerza motriz de las misiones científicas más recientes. Por ejemplo, en su discurso del Festival Starmus de 2017, en Trondheim, Noruega, el profesor Stephen Hawking, un eminente físico teórico de nuestra época, explicó su enfoque de la siguiente manera:

> Nos estamos quedando sin espacio y los únicos lugares a los que podemos ir son otros mundos. Es hora de explorar otros sistemas solares. Expandirnos puede ser lo único que nos salve de nosotros mismos. Estoy convencido de que los humanos tienen que abandonar la Tierra.[59]

Los científicos se han dado cuenta de que, en los últimos diez mil años, el ADN humano no ha variado significativamente. Es decir, no podemos esperar a que una especie de evolución darwiniana nos haga más capaces de enfrentarnos a los retos que se avecinan. Según el profesor Hawking, los humanos deberían iniciar una nueva fase de lo que podría llamarse «evolución autodiseñada». Por medio de la ingeniería genética, una nueva generación de ADN permitirá prolongar la vida hasta tal punto que se podrá sobrevivir a dilatados

---

[59] «Hawking recomienda el aterrizaje en la Luna para "elevar a la humanidad"», Pallab Ghosh, BBC News (20 de junio, 2017).

viajes interestelares. Este tipo de «evolución de ingeniería» es la que permitiría que la raza humana sobreviviera al inevitable colapso de nuestro sistema solar.

Por consiguiente, se prevé que aparecerá una nueva raza de autómatas que se autodiseñen, capaces de reestructurarse de modo que puedan superar los siguientes desafíos, que podrán predecir. Estos seres, como describen numerosas narrativas de ciencia ficción, colonizarán algunas partes del universo y acabarán gobernándolo todo.

De alguna forma el concepto de «autómatas autodiseñados» suena parecido a los hombres estériles para el desarrollo de Ibn al-Arabi.

***

Hay un par de suposiciones discutibles en la anterior propuesta científica para el mantenimiento prolongado de la humanidad. En primer lugar, se da por supuesto que el plazo de existencia de la raza humana viene definido por la duración de nuestro sistema solar (unos cuantos miles de millones de años). De acuerdo con el modelo del oscilador cósmico, la duración de la humanidad estará determinada por la desconexión gradual de las oscilaciones del campo de consciencia. Primero cesará la zona más elevada de consciencia dentro del mundo físico; luego se irá poniendo fin gradualmente a las zonas inferiores. Por tanto, la desaparición de la raza humana desencadenará la aniquilación del sistema solar, y no al revés. Omar Khayaam, un poeta persa del siglo XI, menciona la relación jerárquica entre los humanos y los planetas en sus *Rubaiyyat*:

No sientas temor de los planetas. Los planetas son mil veces más impotentes que nosotros.[60]

Como se indica en el siguiente capítulo, la raza humana empezará a desaparecer dentro de unos diez mil años (suponiendo que no se aniquile a sí misma antes, destruyendo la zona nodal del campo de consciencia natural del planeta).

En segundo lugar, los científicos suponen que sería posible trasladar a la raza humana a otro sistema estelar. Este enfoque ignora el hecho de que la humanidad es específica de la zona nodal de la Tierra. Es esta zona natural de consciencia la que proporciona el «entorno» necesario para sustentar a la humanidad. Aunque la zona se extiende probablemente algo más allá del planeta, no cubre otros planetas dentro del sistema solar. Es decir, los humanos no se hicieron para existir fuera de nuestro planeta. Esto significa que la presencia de humanos fuera de la Tierra interferiría con su nivel natural de consciencia. Tal interferencia no está relacionada tanto con la adaptación a diferentes condiciones físicas, como la atmósfera, la gravedad o los rayos cósmicos, sino que se trata más bien de un efecto secundario de hallarse fuera de la zona natural de consciencia del planeta. Una presencia dilatada fuera de la zona planetaria tendría un efecto negativo en la mente humana: resultaría destructivo. Sería equivalente a invertir el proceso de creación: reduciría al hombre paulatinamente hasta el nivel de una criatura inferior. Una estancia prolongada en el espacio haría que los hombres fueran menos humanos; les eliminaría considerable o completamente la capacidad de

---

[60] *The Authentic Rubaiyyat of Omar Khayaam* (Cuarteta 76); traducido por Omar Ali-Shah, pág. 63 – ver nota 45 (La traducción de Omar Ali-Shah está también disponible en *A Journey with Omar Khayaam*, W. Jamroz, Troubadour Publications, Montreal, 2018).

cumplir su función de participar activamente en el proceso evolutivo. Es decir, se anularía su razón de ser.

Al-Ghazali, filósofo persa del siglo XI, compara la desconexión de la zona natural de consciencia con la privación de alimentos o ciertas medicinas. Las habilidades para mantener esta zona vital se denominan «conocimiento especial»:

> El «conocimiento especial» es el que mantiene la vida, hasta tal punto que si su transmisión se interrumpe durante tres días el núcleo del individuo muere, como lo haría una persona privada de alimento, o como moriría un paciente sin ciertas medicinas.[61]

Aunque esto suene extraño e improbable en el contexto de las diversas presentaciones ofrecidas por la ciencia ficción, ya se han detectado esos efectos negativos en los astronautas. Un estudio de la NASA informó que, después de pasar 340 días en la Estación Espacial Internacional, el ADN de un astronauta mutó en algunas de sus células.[62] Dichas mutaciones genéticas afectaron a la capacidad mental del astronauta. Su efecto se midió como una disminución de los resultados del astronauta en las pruebas cognitivas. Hasta el momento no se ha considerado el efecto de hallarse fuera de la zona de consciencia natural del planeta.

---

[61] *Thinkers of the East*, Idries Shah (The Octagon Press, Londres, 1971, pág. 177).
[62] «Scott Kelly pasó un año en órbita. Su cuerpo ya no es exactamente el mismo», Carl Zimmer (The New York Times, 11 de abril, 2019).

Muerte y renacimiento

*Si la humanidad estuviera libre del útero y la tumba,
¿Cuándo habría llegado tu turno de vivir y de amar?*

(Omar Khayaam)

La ciencia presume que la actual estructura mental y fisiológica del hombre es la culminación de la evolución biológica. Además, la ciencia considera la muerte solo como un suceso biológico. Estas suposiciones no tienen sentido constructivo y están en completo desacuerdo con las experiencias de los místicos.

Según esas experiencias místicas, la evolución de la mente humana no queda sellada en el momento de la muerte física de la persona. Muy al contrario, el viaje de la persona continúa después de la muerte. Hay panoramas del cosmos mucho más amplios que explorar. No obstante, el viaje no conduce a otro planeta, estrella o galaxia; es un viaje a través de las diversas capas de la consciencia cósmica. La travesía empieza en el nivel de consciencia que tuviera la persona en el momento de su muerte física.

La muerte física está determinada por la desconexión de la zona del campo de consciencia que proporciona un compartimento para el cuerpo físico del individuo, desconexión que conduce a la desintegración del cuerpo. En este punto la *mente racional* se separa de su anfitrión terrestre. La mente racional empieza a vagar hacia la zona intermedia que separa el mundo físico de los mundos invisibles. La duración de este viaje depende de la fuerza interior de la mente. Las mentes débiles no serán capaces de alcanzarla; esas mentes demasiado endebles para mantener el vínculo con el «punto» se irán disolviendo gradualmente en la nada.

Las mentes racionales, parcial o totalmente refinadas, viajarán hasta llegar a la zona intermedia, que es el estado al que «resucita» la mente individual, y al que está destinada la mayoría de la gente. La ciencia, con su pensamiento racional y lineal, ha sustituido esta zona intermedia por un «planeta» habitable en alguna región remota del universo.

En el momento de la muerte física, la mente individual experimenta una difícil transición. El ego queda expuesto a un entorno carente de espacio y tiempo. Si la mente estuviera preparada para ese cambio, la disolución de la estructura física sería perfectamente natural; semejante transición se asociaría con el alivio. Tales experiencias no nos son desconocidas. La enorme condensación de impresiones que ocurre en nuestros sueños, o la exaltación de recuerdos asociados con una experiencia cercana a la muerte, revelan la capacidad de la mente para manejar este tipo de transición. Este estado no parece ser meramente una condición pasiva de expectativa. Es más bien un estado en el que la mente capta un vislumbre de nuevos aspectos de la realidad, y se prepara para adaptarse a esta nueva realidad. Sin embargo, para una mente racional cuyo ego esté muy apegado al orden espaciotemporal, debe tratarse de un estado de gran trastorno psíquico. En ese caso esta transición es un entendimiento bastante estresante de las oportunidades perdidas, experiencia que es un remedio correctivo necesario para que un ego endurecido se vuelva más sensible a la realidad. La mente tendrá que luchar contra sus propias debilidades, haciendo el esfuerzo que no realizó durante su vida terrenal. Una vez que haya anulado el efecto de sus debilidades, será apta para continuar el viaje. Esta es la razón por la que una dolorosa comprensión del fracaso no dura para siempre. Este tipo de experiencia tiene el propósito de limpiar la mente del hombre de la basura que le dificulta el progreso evolutivo. Cuando el propósito se ha logrado, desparece la necesidad de corrección.[63]

Estas experiencias transitorias de alivio o trastorno de la mente racional en la zona intermedia son las que las escrituras y literatura religiosas mencionan como «paraíso» e «infierno». Tales experiencias de «paraíso» o «infierno» son aplicables al estado previo a la entrada en las zonas más bajas del macrocosmos, es decir, antes del «primer cielo». Por lo tanto, el «paraíso» no es un estado para disfrutar las recompensas por las buenas acciones realizadas anteriormente; es más bien el punto de inicio de la continuación del viaje. Quienes se hallan en la zona intermedia no estarán ociosos, sino que se esforzarán continuamente por alcanzar estados más elevados. Lo importante es que, durante ese viaje cósmico, la mente de una persona no pierde su individualidad. Se conserva la individualidad de cada mente superviviente, ya que es lo que puede contribuir al enriquecimiento del macrocosmos.

Los términos «cielo» e «infierno» son dos extremos de un espectro de experiencias a las que se expone la mente humana después de la muerte física. Es importante recalcar que son estados transitorios de la mente, no una especie de lugares.

En este contexto, la vida humana se compone de actos que o bien refuerzan la prominencia del ego, o bien contribuyen a domarlo. Los actos preparan a la mente para una futura «carrera», que puede conducir a la inmortalidad. No obstante,

---

[63] *Islamic Sufism*, The Sirdar Ikbal Ali Shah (Tractus Books, Reno, NV, 2000, pág. 198).

la inmortalidad personal no es un derecho del hombre; se consigue mediante el esfuerzo personal. El ser humano, en su estado natural, solo es un candidato.

***

La muerte física es solo una de una serie de muertes que experimenta la mente humana. Recordemos que hay varios estados de consciencia elevada, cada uno de los cuales corresponde a una capa concreta de la mente. Estos estados forman una escalera que conduce al destino final; los diversos escalones que se ascienden se denominan «muertes». Esto significa que el hombre debe experimentar varias «muertes» a lo largo de su viaje, pero puede hacerlo en este mundo, antes de la muerte física. Este es el significado de la frase: «el hombre debe morir antes de morir». De lo contrario, tendrá que pasar por ellas más tarde.

Cada «muerte» está asociada a la liberación de un determinado conjunto de apegos mentales o emocionales. Tras «morir» para un estado específico, el viajero con éxito es «resucitado», solo entonces puede abordar el siguiente estado, en el que, de nuevo, debe morir para resucitar en el siguiente estado superior. Cada muerte va seguida de un «renacimiento», o la transformación resultante. Es como viajar por una sucesión de islas, y cada una representa un estado concreto. Idries Shah ilustra esta situación en la siguiente fábula:

> Había una vez una comunidad ideal en un país lejano. Sus miembros no sentían temores, como los tenemos nosotros. ...

Aunque no había ninguno de los estreses o tensiones que ahora la humanidad considera esenciales para su progreso, sus vidas eran más ricas, pues otros elementos mejores sustituían a esas cosas.

Su manera de existir era, por tanto, ligeramente diferente. Podríamos casi decir que nuestras actuales percepciones son una versión tosca y provisional de las reales que poseía esta comunidad.

Tenían vidas, no semividas. ...

Tenían un líder que descubrió que su país iba a resultar inhabitable durante un periodo de, digamos, veinte mil años. Organizó su huida, comprendiendo que sus descendientes solo podrían regresar con éxito a su hogar tras muchas tribulaciones.

Encontró un refugio para ellos, una isla cuyas características eran solo aproximadamente similares a su patria original. Debido a las diferencias de clima y situación, los inmigrantes tuvieron que transformarse. Esto les adaptó mejor, física y mentalmente, a sus nuevas circunstancias; por ejemplo, percepciones más burdas reemplazaron a las más refinadas, como cuando la mano del labriego se endurece por la necesidad de su oficio.

Para reducir el dolor que les causaría comparar su estado actual con el anterior, se les hizo olvidar el pasado casi por completo. Solo quedó un recuerdo muy difuso pero suficiente para despertar cuando llegara la hora. ...

El sistema era complicado pero estaba bien organizado. Los órganos mediante los cuales la gente sobrevivía en la isla eran también los que le permitían disfrutar mental y físicamente. Los órganos que eran constructivos en su patria se pusieron en una forma especial de suspensión y se vincularon al recuerdo difuso, dispuestos para su posterior activación.

Lenta y dolorosamente, los inmigrantes se adaptaron, amoldándose a las condiciones locales. Los recursos de la isla eran tales que, unidos al esfuerzo y una cierta forma de guía, la gente podría huir a otra isla, en su viaje de regreso a su hogar original. Esta era la primera de una sucesión de islas en las que se realizaba una aclimatación gradual.

La responsabilidad de esta «evolución» estaba en manos de los individuos que podían mantenerla, que necesariamente eran pocos, ya que para la mayoría de la gente mantener en la consciencia ambos conjuntos de conocimiento resultaba virtualmente imposible. Uno parecía entrar en conflicto con el otro. Ciertos especialistas custodiaban la «ciencia especial».

Este «secreto», el método de efectuar la transición, no era ni más ni menos que el conocimiento de las habilidades marítimas y sus aplicaciones. La huida requería un instructor, materias primas, personas, esfuerzo y comprensión. Con ello la gente podía aprender a nadar y también a construir barcos.

Las personas originalmente encargadas de la huida dejaron muy claro a todos que era necesaria una cierta preparación antes de que alguien pudiera aprender a nadar o incluso participar en la construcción de un barco. ...

El aprendizaje y ejercicio de esta sabiduría dependía de una técnica especial. Todo ello unido componía una actividad total, que no se puede examinar de manera poco sistemática... Esta actividad tiene un elemento impalpable, llamado *baraka*, de la que deriva la palabra «barca», término que significa «la Sutileza».[64]

En vista de esta fábula, la zona intermedia puede considerarse como «una isla más lejana», es decir la siguiente isla en el camino de vuelta al «hogar original». En esta fábula Idries Shah indica que la ventana temporal prescrita para el «regreso» es del orden de «veinte mil años».

***

La vida es una y continuada. El hombre marcha siempre hacia delante para recibir nuevas iluminaciones de una Realidad infinita. El receptor de iluminación divina no es meramente pasivo. Cada acto de una mente perfecta crea una nueva situación, ofreciendo así más oportunidades de desarrollo creativo.

---

[64] *The Sufis*, Idries Shah, pág. 1-4 (ver nota 14).

El cosmos dinámico

Durante mucho tiempo, el cosmos ha estado germinando en la médula de tus huesos.

(Khaja Hafiz)

El hombre puede llevar a cabo su función evolutiva ascendiendo por los diversos niveles del macrocosmos. Así puede reproducir el macrocosmos dentro de sí mismo.

Los diversos estratos del macrocosmos no son estáticos; siguen cambiando, están vivos. Cambian en concordancia con el progreso evolutivo de la humanidad. Como ya se ha mencionado, hay un feedback continuo entre el estado general de la consciencia de la humanidad y la composición de los diversos niveles en el macrocosmos. El feedback entre el macrocosmos y el mundo físico opera de acuerdo con un mecanismo conocido como entrelazamiento. Según describen los físicos, no hay demora temporal en esta «espeluznante acción a distancia». Cada avance espiritual importante en el nivel del hombre ordinario viene inmediatamente señalado por un cambio en el mundo de los símbolos y en el de las ideas. Este tipo de entrelazamiento es aplicable a todas las capas de consciencia.

Evolucionando desde su estado natural e intentando alcanzar sus orígenes sublimes, el ser humano contribuye activamente al «esplendor» de la estructura cosmológica. Esta situación se ilustra simbólicamente en el «Himno del alma» de los *Hechos de Tomás*. He aquí una versión del himno de un cuento llamado «El hijo del rey». El país de Sharq que se menciona en la historia corresponde al macrocosmos; los apegos intelectuales y emocionales del hombre al mundo físico (Misr) conforman un temible monstruo, el ego:

> Había una vez, en un país donde todos eran como reyes, una familia plenamente contenta, cuyo entorno era tal que la lengua humana es incapaz de describirlo en términos de algo que conozca el hombre en la actualidad. Al joven príncipe Dhat este país de Sharq le parecía satisfactorio, hasta que un día sus padres le dijeron: «Queridísimo hijo, es costumbre necesaria de nuestro país que todo príncipe real, al alcanzar determinada edad, se marche para llevar a cabo una prueba, con el fin de que se capacite para reinar y para que, tanto en reputación como de hecho, alcance, mediante la vigilancia y el esfuerzo, un grado de hombría que no puede lograrse de ningún otro modo. Así ha sido ordenado desde el principio y así será hasta el final».
>
> Así pues, el príncipe Dhat se preparó para el viaje y su familia le proporcionó el sustento que podía: una comida especial que le nutriría durante el exilio, pero que era de poco alcance, aunque de cantidad ilimitada.
>
> También le suministraron otros recursos, que no se pueden mencionar, para que le protegieran, si se usaban debidamente.
>
> Tuvo que viajar a cierto país, llamado Misr, y tenía que ir disfrazado. Por tanto, se le procuraron guías para el viaje y ropas apropiadas para su nueva condición, escasamente adecuadas para alguien de sangre real. Su tarea era traer de Misr cierta Joya custodiada por un temible monstruo.

Cuando se marcharon sus guías, Dhat estaba solo, pero pronto se encontró con otro que tenía una misión similar y juntos fueron capaces de mantener vivo el recuerdo de sus sublimes orígenes. Sin embargo, debido al aire y la comida de este país, una especie de sueño descendió sobre la pareja y Dhat olvidó su misión.

Vivió en Misr durante años, ganándose la vida con una vocación humilde, ignorando aparentemente lo que debía estar haciendo.

Por medios conocidos para ellos, pero desconocidos para otras gentes, los habitantes de Sharq se enteraron de la alarmante situación de Dhat, y trabajaron juntos como ellos podían para ayudar a liberarle y permitirle que perseverara en su misión. Por un medio extraño se envió un mensaje al príncipe que decía: «¡Despierta! Pues eres el hijo de un rey, enviado a realizar una tarea especial, y debes regresar con nosotros».

Este mensaje despertó al príncipe, que consiguió llegar hasta el monstruo y, utilizando sonidos especiales, hizo que se durmiera; y tomó la joya de valor incalculable que el monstruo había estado guardando.

Después Dhat siguió los sonidos del mensaje que le había despertado, cambió su atuendo por el de su propia patria y volvió sobre sus pasos, guiado por el Sonido, dirigiéndose al país de Sharq.

En un plazo sorprendentemente breve, Dhat contempló de nuevo sus antiguas vestiduras y el país de sus antepasados y llegó a su hogar. Pero esta vez, debido a sus experiencias, pudo ver que su esplendor era mayor de lo que nunca había sido...[65]

---

[65] *Tales of the Dervishes*, Idries Shah, pág. 217 (ver nota 29).

Recordemos que la *mente creativa*, la *mente sublime* y la *mente supracognitiva* no existen naturalmente; no aparecieron con esas formas en el arco de descenso original. Estas mentes («almas perfectas») son el resultado del empeño especial del hombre. En sus formas originales, dichas mentes («almas») no estaban dotadas de experiencias terrenales. En su lugar, estaban organizadas según sus predisposiciones iniciales. He aquí una historia que explica las diferentes propensiones:

> Las tradiciones de los Amantes de la Verdad registran que, cuando se crearon las almas, antes que los cuerpos, se les preguntó sobre el medio que deseaban para viajar en este mundo.
>
> Había cuatro grupos. El primero quería viajar a pie, porque era el método más seguro. El segundo quería caballos, porque suponía menos trabajo para ellas. El tercero quería viajar con el viento, para superar limitaciones. El cuarto eligió la luz, con la que podían comprender, además de moverse.
>
> Estos cuatro grupos todavía existen y toda la gente se encuentra en una de estas características...[66]

En el relato anterior, al primer grupo lo mueve la facultad ego; el segundo está bajo la influencia de las emociones; al tercero lo dirige en su mayor parte la facultad intelecto. Podemos observar que las preferencias de estos tres grupos se corresponden con aquellos que están destinados en la vida actual a la zona intermedia; su inclinación es hacia la reorga-

---

[66] «Los cuatro tipos», incluido en *Seeker After Truth*, Idries Shah (The Octagon Press, Londres, 1982, pág. 14).

nización de su *mente racional*. El cuarto lo forman aquellos cuyas preferencias se centran en el macrocosmos. A su potencial le incumbe experimentar durante esta vida zonas de los mundos invisibles.

Las diversas propensiones no determinan los estados finales; conciernen a las potencialidades asignadas en concordancia con las necesidades cósmicas. Un «alma» individual puede o no cumplir su potencial. En algunos casos, durante el viaje su potencialidad puede elevarse o degradarse. Lo indica un dicho transcrito en el *Recital of Saints* de Attar:

> La gente del mundo tiene un destino fijo. Pero los desarrollados espiritualmente reciben lo que no está en su destino.[67]

Se necesita un mínimo de enriquecimiento del macrocosmos para garantizar el mantenimiento del mundo físico. Recordemos que, tras la desintegración de lo que parece ser la personalidad del hombre, la mente de la persona conservará su individualidad, y es esta la que contribuirá al aumento de la riqueza del macrocosmos. El enriquecimiento mínimo se compone de cierta masa crítica de «almas» humanas, necesarias para seguir fluyendo en las diversas capas del macrocosmos. Se requiere este flujo de enriquecimiento para compensar el impacto destructivo de la humanidad en la zona natural de consciencia del planeta. De este modo se mantiene vivo el mundo físico.

---

[67] Citado por Idries Shah en *Learning How to Learn* (The Octagon Press, Londres, 1981, pág. 23). *Primeros maestros sufíes*, Fariduddin Attar (Editorial Sufi, 2010).

Recordemos también que durante su primera ascensión Mahoma atravesó el «séptimo cielo» y se acercó al Absoluto a la distancia simbólica de «dos arcos». En ese nivel no había otras «almas», lo que se indica por el hecho de que ni siquiera Gabriel (una de las más elevadas mentes cósmicas originales) pudo acceder a ese estado de consciencia:

> Oh Mahoma, si doy un paso más, arderé;
> Déjame y sigue solo: este es mi límite.
> (*Mathnawi, primera parte*, 1066-7)

Sin embargo, la distancia de «dos arcos» sigue siendo infinitamente grande comparada con «Estamos más cerca de él que su vena yugular». En ese momento, Mahoma todavía no estaba preparado para aniquilarse en el Absoluto; en su naturaleza había aún «cierta oscuridad»[68]:

> Como tú, yo era oscuro en mi naturaleza: la revelación del Sol me dio esta luz. Tengo cierta oscuridad comparado con los soles espirituales, pero tengo luz para la oscuridad de las almas humanas. Soy menos brillante que el sol con el fin de que puedas resistir mis rayos, pues tú no eres hombre para un hombre que puede soportar el Sol más radiante.
> (*Mathnawi, primera parte*, 3660-2)

Mahoma no podía entrar en el «octavo cielo». Tuvo que regresar al mundo ordinario para completar su misión. Solo cuando murió pudo comenzar su ascenso final; en algún punto del mismo su parte sublime creció gradualmente hasta que

---

[68] Esta «oscuridad», o apegos terrenales, se indica simbólicamente en la descripción del Viaje Nocturno con efectos físicos (v.g. «cuando regresó el Profeta, una jarra de agua que se había volcado con el vuelo aún no se había vaciado». Ver la historia «El sultán que se convirtió en un exiliado»).

no quedó ningún rastro de sus apegos terrenales. Cuando alcanzó el estado más elevado, el esplendor del macrocosmos se volvió «mayor de lo que nunca había sido». Fue un hito fundamental de la evolución humana. La primera alma perfeccionada había alcanzado su destino final.

Este tipo de experiencia humana cambia el macrocosmos. El cambio indica que hay una histéresis cualitativa entre el arco descendente y el ascendente. La medida de dicha histéresis espiritual se expresa como la diferencia entre los «dos arcos» que marcaron la primera ascensión de Mahoma y «Estamos más cerca de él que su vena yugular», que describe el estado de su segunda ascensión. Ello significa que, aunque tanto el descenso como el ascenso conducen a través de los mismos estratos del macrocosmos, cada paso ascendente posee una cualidad mayor que el paso descendente correspondiente. Es en este sentido en el que contribuyen las almas perfeccionadas (que regresan) al enriquecimiento del cosmos. Son el segundo ciclo de almas, mientras que las almas cósmicas originales constituyen el primer ciclo. Aunque ambas clases se hallan en la mayor proximidad al Absoluto, hay un enorme abismo entre ellas.

En el poema de Attar, el flujo crítico se presentaba simbólicamente como «treinta pájaros». Al término de su viaje, los treinta pájaros formaron una triplicidad ascendente que concordaba con la original. Para preservar no solo el universo, sino todo el cosmos, es necesario lograr esta clase de triplicidad en cada capa del macrocosmos. La cualidad espiritual de cada capa se mantiene poblándola con almas terrenales perfeccionadas.

La transferencia de esa masa crítica a cada una de las capas macrocósmicas suministra un feedback continuo a la infraestructura cósmica. Este flujo es también el que controla el mecanismo temporizador que desencadena los hitos importantes de la síntesis creativa.

Para asegurar la continuación del proceso global, es necesario que una masa crítica de «almas» humanas perfeccionadas fluyan a través de los diversos estratos (o esferas) del macrocosmos, los cuales pueden compararse al conjunto de cuerdas de un instrumento musical. La llegada de almas perfeccionadas los hace oscilar en «frecuencias» específicas de sus localizaciones en el macrocosmos. Estas oscilaciones juntas generan «sonidos especiales» que con frecuencia se denominan la «música de las esferas». Se podría decir que las personas pueden ennoblecerse (lograr la inmortalidad) sintonizando sus mentes en resonancia con esta música que «no podemos oír». El Lorenzo de Shakespeare comenta sobre ello en la siguiente cita:

> Hasta el menor orbe que contemplas
> canta en su movimiento como un ángel
> a los querubines de ojos jóvenes.
> Tal armonía se halla en las almas inmortales,
> pero mientras esta fangosa vestidura de
> descomposición la encierra burdamente,
> no podemos oírla».
> (*El mercader de Venecia*, V.1)

Cada generación de la humanidad debe producir su contribución mínima de masa crítica para el macrocosmos. Este flujo es el que contribuye a la dinámica del cosmos. La presencia de almas «perfeccionadas» en el macrocosmos debe seguir aumentando para superar la entropía de la existencia humana en el planeta.

Como ya se ha indicado, hay tres niveles de consciencia fundamentales en el macrocosmos: el Dominio, el mundo de las ideas y el mundo de los símbolos. En cada uno de estos niveles se necesita un incremento gradual de presencia de almas humanas perfeccionadas. En algún punto, los hombres irán desapareciendo paulatinamente y se extinguirán; el planeta dejará de suministrar su «materia prima». En ese momento futuro tendrá que haber suficientes almas humanas perfeccionadas en todos los niveles del macrocosmos para garantizar la continuación de la evolución cósmica. Entonces se formará un nuevo cosmos. Para que aparezca el nuevo cosmos, todos los niveles del macrocosmos deberán estar poblados de almas terrenales perfeccionadas.

***

En cada nivel del macrocosmos hay un patrón de distribución que es necesario completar durante el ciclo evolutivo actual. Este patrón distributivo dictó las predisposiciones originalmente asignadas a las almas cósmicas. En el pasado se han hecho insinuaciones de este patrón «místico», unas más evidentes que otras. He aquí una referencia simbólica a tal distribución («el primer misterio» es una referencia a la estructura del cosmos actual):

> Os digo que se encontrará uno entre mil, dos entre diez mil, para completar el misterio del primer misterio.
> (*El evangelio de Tomás*, nota 23)

La distribución sigue cambiando según el proceso evolutivo de la humanidad. Permanece desconocida para el público en general. No obstante, cuando hay un ajuste importante, se revelan discretamente insinuaciones del cambio. El primer vislumbre del patrón de distribución se suministró en la narración del Viaje Nocturno. Después se ha reflejado simbólicamente en la estructura administrativa terrestre de aquellos que han estado activamente involucrados en el proceso. Los ajustes de esa estructura administrativa indican los cambios en el macrocosmos.

Una versión moderna de la estructura administrativa se estableció cuando Mahoma concluyó su ascensión final. En el contexto del mundo físico, su ascensión final duró mil años. (Por eso se dice: «El hombre solo ve este secreto una vez cada mil años. Cuando lo ve, cambia».) Después de ese periodo, su vínculo con el mundo físico dejó de existir:

> Un hombre totalmente sabio dejaría de existir en el sentido ordinario.[69]

Esa desconexión señalaría el principio del segundo milenio espiritual del mundo moderno. Fue entonces cuando la estructura global «mística» se ajustó en concordancia. Ocurrió al final del siglo XVI. En ese momento, la responsabilidad de supervisar el proceso en la Tierra recayó sobre otro individuo, Ahmed Farugi de Sirhind, conocido como el «regenerador del segundo milenio espiritual». En esa época, la estructura tenía forma de pirámide con varios niveles, que eran reflejos de los estratos del macrocosmos. La población de esos niveles estaba reduciéndose al moverse de los niveles más bajos a los más altos. En la parte superior estaba el Eje, el Hombre Completo. En el segundo nivel había cuatro responsables. Los si-

---

[69] «Meditaciones de Rumi" en *Caravan of Dreams*, Idries Shah (The Octagon Press, Londres, 1968, pág. 79).

guientes niveles estaban poblados por hombres ennoblecidos de diversos rangos; había siete, tres y cuarenta hombres ennoblecidos, respectivamente. He aquí una representación simbólica de los cinco niveles superiores de esa estructura:[70]

△
△△△△
△△△△△△△
△△△
△△△△△△△△△△△△△△△△△△△△
△△△△△△△△△△△△△△△△△△△

El cambio más reciente se efectuó a finales de los años sesenta del siglo pasado, cuando se realizó otro ajuste. Se encomendó a otro individuo la función de supervisar y dirigir el proceso evolutivo. Fue entonces cuando la responsabilidad, que hasta entonces estaba repartida entre cuatro responsables, convergió otra vez en un solo hombre. La nueva estructura tomó la siguiente forma:[71]

△
△△△△
△△△△△△△
△△△△△
△△△△△△△△△△△△△△△△△△△
△△△△△△△△△△△△△△△△△△△
△△△△△△△△△△△△△△△△△△△
△△△△△△△△△△

---

[70] *Revealed Grace*, Arthur F. Buehler (Fons Vitae, Louisville, KY, 2011, pág. 272).
[71] *Journeys with a Sufi Master*, H.B.M. Dervish (The Octagon Press, Londres, 1982, pág. 153).

Aunque las tres capas superiores no cambiaron, hubo una variación en las partes inferiores de la estructura. El número de los hombres ennoblecidos en el cuarto y quinto nivel aumentó de tres a cinco, y de cuarenta a setenta, respectivamente. Este cambio en la estructura simbólica indica el progreso logrado en los últimos siglos; refleja el enriquecimiento de las capas correspondientes del macrocosmos. El cambio permite calcular la situación de todo el proceso con respecto al plan original.

Este «minúsculo» enriquecimiento afecta a toda la raza humana; es necesario para mantener el mundo físico y es una medida del progreso humano. Si no se produjera ese progreso, el mundo físico se colapsaría. Rafael Lefort, un escritor que narró sus viajes por Asia en *Los maestros de Gurdjieff*, menciona esta situación en su libro:

> Las personas de esos centros están relacionadas con el destino del mundo. ... No son hombres comunes, menos aún monjes. No tienen descanso ni satisfacción, pues tienen que compensar los defectos de la humanidad. Son los seres Reales que han experimentado el ser y el no ser, y hace mucho tiempo que entraron en una etapa de la evolución en la que ninguno de los dos estados significa nada para ellos.[72]

Este enriquecimiento también controla el «desencadenante» de los hitos más importantes de la evolución humana y el

---

[72] *The Teachers of Gurdjieff*, Rafael Lefort (Victor Gollancz Ltd., Londres, 1966, pág. 96). Versión en español: *Los maestros de Gurdjieff* (Editorial Sufi, 1992).

hecho de que se produzca o no retrasa o acelera el «fin de los tiempos».

Los dos diagramas anteriores muestran las secciones de la estructura en dos etapas del proceso evolutivo. Hay muchos más niveles y «sitios» vacíos que deben rellenarse. Las diversas posiciones de los sitios vacíos corresponden a las distintas potencialidades de las mentes humanas. En *Como gustéis*, Orlando, el joven protagonista de Shakespeare, se refiere a esos «sitios vacíos»:

> Solo que en este mundo ocupo un lugar que podría estar mejor dotado cuando yo lo vacíe.
> (*Como gustéis*, I.2)

La evolución del hombre debe continuar hasta que se complete la estructura macrocósmica. En ese futuro, el universo físico dejará de existir y toda la humanidad se transmutará en «elementos» del macrocosmos; se formará una nueva «tabla de elementos». Esta estructura futura formará un nuevo cosmos que se compondrá solo del macrocosmos enriquecido. Únicamente entonces se habrá completado plenamente la función de la humanidad.

Ahora podemos comprender del todo cuál es la meta última de la humanidad. Desarrollando niveles superiores de consciencia, la humanidad se está transmutando en nuevos «elementos» necesarios para la creación de un nuevo cosmos. A ello se refiere la frase de Rumi citada en el capítulo sobre la mente humana:

> Hay cien mil estados más maravillosos ante él.

La creación de un nuevo cosmos es el propósito final de la existencia humana.

***

La principal función de los Hombres Perfectos es asegurar la continuación del progreso, sin el cual el mecanismo temporizador se activaría y la humanidad sería eliminada antes de cumplir su función evolutiva. Rumi lo manifiesta con mucha claridad:

> Si desapareciera el Hombre Perfecto, el destino caería sobre nosotros y todo el mundo dejaría de existir.
>
> (*Mathnawi, parte primera*, 99)

Shakespeare se hace eco de ello:

> ...los tiempos cesarían,
> Y en sesenta años el mundo desaparecería.
>
> (Soneto 11)

A medida que avanza el progreso, nuevas técnicas de desarrollo se ponen a disposición de los místicos encargados de la evolución humana. Por eso hay diferentes técnicas y métodos de desarrollo en distintos momentos históricos. Por ejemplo, a consecuencia de la entrada de Mahoma en el «octavo cielo», los místicos lograron acceso a una forma comprimida del espectro de los modos de consciencia disponibles en el macrocosmos, lo que permitió que se introdujera una nueva metodología de desarrollo. Con ella se puede exponer a una persona a todo el espectro del campo de consciencia universal disponible en el macrocosmos. Ahmad Sirhindi introdujo dicha metodología a finales del siglo XVI. Sirhindi usaba el término «el mundo de energía directriz» para describir la forma comprimida del espectro de consciencia.[73]

Mediante la exposición a la energía directriz es posible activar simultáneamente varias facultades sutiles, lo que permite un desarrollo mucho más acelerado de la estructura interna de la mente. Por supuesto, tal exposición al espectro de consciencia requería técnicas que no estaban disponibles en el pasado, por lo que hubo que modificar la metodología de desarrollo. Tenía que adaptarse a las características naturales de la persona. El espectro de consciencia aplicado tiene que coincidir con los niveles de las facultades sutiles que son naturalmente más fuertes en la mente de una persona en concreto, de lo contrario su aplicación resultaría nociva. Al introducir esta nueva metodología, los enfoques utilizados anteriormente quedaron obsoletos.

Ahmad Sirhindi describe simbólicamente un esbozo de esta nueva metodología en el cuento «El lisiado y el ciego». El lisiado y el ciego representan las facultades ordinarias del corazón y el intelecto, respectivamente. Ninguna de las dos es capaz de avanzar. En su estado natural son deficientes; no pueden llevar al hombre hasta su último destino («llegar al banquete del rey»). La historia explica cómo se puede progresar, a pesar de estas deficiencias: en presencia de un observador («un tercero»), las facultades latentes pueden activarse y así las facultades ordinarias son capaces de superar sus limitaciones. La instrucción del observador es una ilustración simbólica de la exposición a un espectro personalizado de la energía directriz:

---

[73] *Islamic Sufism*, The Sirdar Ikbal Ali Shah, pág. 97 (ver nota 63).

Un lisiado entró un día en una posada y se sentó junto a alguien que ya estaba allí.

—Nunca podré llegar al banquete del rey —suspiró— porque, debido a mi discapacidad, no puedo moverme con la suficiente rapidez.

El otro hombre levantó la cabeza.

—A mí también me han invitado —dijo—, pero mi dificultad es peor que la tuya. Soy ciego y no puedo ver el camino, aunque tenga asimismo invitación.

Un tercero que les oyó hablar dijo:

—Pero, si os dierais cuenta, entre los dos tenéis los medios para llegar a vuestro destino. El ciego puede andar con el lisiado a sus espaldas. Podéis usar los pies del ciego y que los ojos del lisiado os dirijan.

Así ambos pudieron llegar al final del camino, donde les esperaba el banquete...

Lo interesante es que esta última metodología se transfirió casi inmediatamente de la India a la Inglaterra de finales del siglo XVI. Era parte de la preparación para el comienzo de la siguiente fase del proceso evolutivo en el planeta. Por primera vez en la historia humana, la nueva fase evolutiva se iniciaría completamente en el entorno laico de la sociedad occidental. La nueva metodología se reveló en los escritos de Shakespeare.

Shakespeare empleó su narrativa compuesta de treinta y siete obras de teatro para describir treinta y siete episodios del proceso evolutivo que condujo a la formación de la civilización occidental. Shakespeare trata los eventos históricos como manifestaciones del estado mental de un grupo selecto de personas, representativas de una determinada área geográfica en ese momento en concreto. Como se ha indicado anteriormente, lo que mueve la historia y el bienestar de las sociedades es el estado de la mente humana. En la presentación alegórica de Shakespeare, sus personajes representan simbólicamente varias facultades de la mente. Algunas son ordinarias, otras extraordinarias y otras permanecen en estado latente. Tal estado mental compuesto determina lo que es posible y lo que es imposible; define su potencial evolutivo y dicta la secuencia de acontecimientos.

La narrativa comienza con la guerra de Troya, pasa a la antigua Grecia y la Britania prerromana, luego a Roma, continúa por la Edad Media y concluye con la aparición del Renacimiento europeo.[74] Shakespeare presenta una ilustración única de la aplicación de la nueva metodología de activación de las facultades interiores. En concreto, el progreso evolutivo se indica por una serie de parejas que deben casarse simultáneamente («de los cuatro, o de tres, o de dos, o de uno de los cuatro»). Así ilustra la ejecución de la nueva metodología en varias zonas geográficas; esos métodos condujeron a la formación de la sociedad occidental moderna.

Hay que conocer la metodología de la activación de las capas internas de la mente para reconocer el «secreto» oculto en las obras de teatro de Shakespeare. Como en el caso de las ecuaciones de Maxwell, para una persona que no conozca esta ilustración simbólica, tal interpretación de su teatro carece de sentido y de importancia.

***

---

[74] *Shakespeare's Elephant in Darkest England*, Wes Jamroz, pág. 200 (ver nota 37).

Empieza la primavera de 1590. La pequeña Atenas, una encantadora ciudad del norte de Italia situada a siete leguas al suroeste de Mantua, se prepara para las festividades organizadas por el duque Gonzaga, gobernador del ducado de Sabbioneta, del que es la capital. En el centro de la ciudad hay una columna de Palas Atenea, que erigió el duque Gonzaga para indicar que Atenea, diosa griega de la sabiduría y musa principal, era la patrona de la ciudad.

Hay mucha excitación en la ciudad. Como parte de los festejos habrá representaciones en el recién construido Teatro all' Antica. No es un teatro común; es el primer teatro del mundo moderno situado en un edificio independiente, con tejado y construido a propósito.

Un grupo de hombres está en la puerta occidental de la ciudad: el Roble del Duque (llamada así porque conduce al coto de caza del duque en un robledal). Son actores invitados por el duque para hacer una representación en el nuevo teatro. Los actores acaban de llegar del bosque de robles, donde habían estado ensayando. Según la leyenda local, en el robledal rondan las hadas. Los lugareños cuentan muchas historias fascinantes sobre las hadas. Hace poco, un par de cortesanos del duque tuvieron unos encuentros extraños con las supuestas hadas del bosque. Desde entonces, la ciudad está llena de toda clase de rumores y chismes.

El duque había pedido a los actores que escenificaran una obra que ayudara a sus invitados y cortesanos a comprender la idea de la evolución humana. En concreto, el duque quería que los actores abordaran el concepto de los mundos invisibles y la función del Hombre Perfecto.

Tras recoger su vestuario y atrezo en una pequeña habitación de la puerta, los actores giraron hacia la izquierda y caminaron por una calle que llevaba al templo. Al pasear por las calles de la pequeña Atenas, se descubre cuán único es el diseño de la ciudad. Toda su arquitectura es de estilo manierista. Se diseñó como una fortaleza y se emplearon una serie de recursos manieristas para confundir a los potenciales invasores. El trazado supuestamente simétrico de la ciudad es intencionadamente engañoso. Las dos plazas principales están descentralizadas con respecto a la línea central de la ciudad. Se utilizó una falsa perspectiva reduciendo gradualmente el ancho de las calles, lo que las hacía parecer más largas. Todas estas características convirtieron a la ciudad en una especie de laberinto.

El templo es una poderosa estructura octogonal de ladrillo con esquinas reforzadas que sobresalen. Dentro hay ocho nichos radiales coronados por una galería. Un par de años antes, el duque demolió una iglesia y priorato que había allí. Y en ese emplazamiento edificó el templo octogonal, donde unas horas antes se habían casado dos de los cortesanos del duque.

Los actores pasan por delante del templo y giran a la derecha para llegar frente al palacio del duque. El duque y sus invitados acaban de terminar de cenar y están preparándose para dirigirse al teatro, situado a una calle de distancia, al sur del palacio. Entre los invitados del duque se cuentan nobles e intelectuales de Italia y otros países de Europa occidental. En los días anteriores, habían tenido ocasión de admirar las grandes colecciones de arte del duque y escuchar las eruditas conferencias que este había patrocinado.

El nuevo edificio del teatro tiene tres entradas: una reservada para el duque y su familia, otra para los cortesanos e invitados, y otra para los actores. Dentro del teatro hay un escenario permanente que representa una típica ciudad italiana. En el diseño general del teatro hay algunas novedades: el doble vestíbulo, separado para hombres y mujeres, los camerinos y la puerta del escenario.

En su pieza teatral, los actores usan a una pareja de amantes para representar el estado evolutivo de la humanidad. Al principio de la obra los amantes se encuentran con dificultades inesperadas. La obra indica que estas dificultades son similares a las que tuvieron Píramo y Tisbe, los famosos amantes de la antigua ciudad de Babilonia, al principio del segundo milenio a.C. Estos problemas son vestigios del trastorno evolutivo ocurrido en la antigüedad. Parecía que, desde entonces, todos los amantes del mundo se habían enfrentado a la misma situación, incluyendo a Romeo y Julieta, protagonistas de la famosa historia originada en Verona en el siglo XIV.

La obra de los actores es una ilustración alegórica de una sección de la mente humana. La Luna representa al mundo de las ideas. El Reino de las Hadas representa al mundo de los símbolos. Los amantes pertenecen al mundo ordinario. La obra explica que los amantes no pueden unirse porque hay cierta desarmonía en el Reino de las Hadas. Esta desarmonía, proyectada en el mundo ordinario, es la que ha afectado a los amantes a lo largo de la historia. Se proyecta mediante los símbolos de «león hambriento» y «muro». El «león hambriento» son las atracciones sensuales que interfieren en las relaciones de los amantes. El «muro» es la deficiencia de todo el entorno de los amantes, manifestada como odio entre sus padres. Los hombres del mundo ordinario son incapaces de resolver esta situación; por mucho que lo intenten, la situación no se puede cambiar. Solo puede resolverla un hombre sabio capaz de entrar en el mundo de los símbolos (país de las hadas) y arreglar el problema allí. Para realizar este viaje, el hombre debe transmutarse de cierta manera. Los actores lo presentan simbólicamente como una transformación del hombre en «burro». (Un «burro» es equivalente a un «necio», es decir, un necio especial: «El necio se cree sabio, pero el sabio sabe que es necio»). Pero había otro requisito: el viaje al país de las hadas solo podía realizarse en un momento determinado, dictado por el mundo de las ideas, que se señala simbólicamente con la luna llena.

Los actores organizan su obra en cinco episodios, que podrían llamarse «El muro», «El manto sangriento», «El león», «La luna» y «La muerte de los amantes». Se disponen en orden cronológico inverso, empezando por el último, el más reciente («El muro»). Así se indica al público que la historia es una alegoría que ocurre en un tiempo imaginario.[75] El episodio inicial, «La muerte de los amantes», es una referencia a la desesperada situación de todos los «amantes» desde la antigüedad. La «Luna» indica el momento en el que un sabio podía entrar en el país de las hadas. «El manto sangriento» es una señal de que el «León» hambriento ha sido sometido. La caída del «Muro» en el último episodio es muestra de que se ha arreglado la situación en el país de las hadas. Este «arreglo» solucionó

---

[75] El autor ha extractado la interpretación de «Píramo y Tisbe» de *Shakespeare's Elephant in Darkest England*, W. Jamroz, pág. 328 (ver nota 37).

el problema de los amantes que, al final, se unen felizmente.

Al representar la obra, los actores intentan explicar a los jóvenes amantes sus extrañas experiencias en el bosque de robles. Con su lenguaje simbólico, exponen por qué pudieron casarse finalmente los amantes: porque un sabio había sido capaz de entrar en el mundo de las hadas y resolver el problema que había allí.

Los actores presentan la obra al estilo manierista; dan una «perspectiva forzada» a las percepciones ordinarias caricaturizándose hábilmente a sí mismos y a sus personajes. Hacen que su historia sea incomprensible para quienes funcionan en su mayor parte con respuestas intelectuales y reacciones emocionales. Mientras estos impulsos inferiores dominen al hombre, este será incapaz de captar el sentido simbólico de la obra. De este modo los actores se burlan de la naturaleza, imitándola perfectamente.

La conclusión de la historia de los actores resume muy adecuadamente el estado del proceso evolutivo puesto en marcha en la Europa occidental del siglo XVI.

Podemos reconocer que todo el argumento de la obra es una referencia al hito evolutivo logrado al final del siglo XVI. Por primera vez en la literatura, un hombre pudo entrar en el «país de las hadas» y arreglar un problema en el mundo de los símbolos. Eso fue posible porque, en ese momento, otro hombre consiguió absorberse plenamente en el Absoluto. En el mundo ordinario, este refinamiento de la mente humana se manifestó por la aparición del Renacimiento europeo.

Sin embargo, los invitados y cortesanos del duque no captaron el significado de la obra. En vez de eso, se reían a carcajadas viendo a los actores pasar apuros con su producción. Los espectadores eran demasiado arrogantes para detenerse y echar otra mirada a la situación que se desarrollaba ante ellos. Si hubieran hecho una pausa, habrían reconocido que la historia de los actores contenía «todo lo que podréis saber». Afortunadamente, la obra se transcribió y se ha transmitido durante generaciones con el título *Sueño de una noche de verano*. Desde entonces se ha puesto en escena muchas veces a lo largo de unos cuatrocientos años. Por tanto, muchas generaciones de espectadores han tenido la oportunidad de aprender todo lo que necesitaban saber sobre cómo contribuir al verdadero enriquecimiento del mundo.

¿Por qué estamos aquí?

El propósito del ejercicio de la ciencia del conocimiento es alcanzar una existencia eternamente perdurable.

(Al Ghazali)

Basándonos en el modelo de consciencia cósmica presentado, podemos extraer las siguientes observaciones para resumir el modus operandi del universo, el propósito de la vida, la función de la humanidad y su futuro. Estas observaciones contienen suficiente información para tratar las «preguntas infantiles» mencionadas en el primer capítulo. No hace falta aceptar la existencia de una intervención divina ni estar de acuerdo con la metodología mística para usarlas. Son solo descripciones de la operación del campo de consciencia universal:

- La consciencia es una forma de energía.

- El cosmos es un gradiente de consciencia y el universo ocupa el lugar más bajo en la consciencia cósmica.

- En su estado natural, el ser humano está equipado con unas facultades físicas que se limitan a percibir el mundo físico.

- Se necesita otro tipo de facultades para percibir y operar en los niveles más elevados de consciencia.

- La mente humana contiene un conjunto de facultades interiores que son suficientes para percibir todos los niveles de consciencia. No obstante, estas facultades más sutiles se encuentran en estado latente.

- Activando sus facultades latentes, el ser humano es capaz de alcanzar los más elevados niveles de consciencia.

- Desde un nivel de consciencia determinado, solo es parcialmente perceptible el nivel inmediatamente siguiente; los niveles superiores permanecen indiscernibles.

- Un nivel de consciencia determinado solo puede desarrollarse plenamente mientras se realiza el esfuerzo de alcanzar el siguiente superior.

- En cada nivel de consciencia hay diferentes leyes del espacio, tiempo y existencia.

- Un acto de observación activa solo puede realizarse con respecto a objetos que pertenecen a niveles menos sutiles que el de la consciencia del observador.

- Los esfuerzos del ser humano para desarrollar una consciencia más elevada constituyen una «evolución deliberada».

- El propósito de la vida humana es evolucionar hacia niveles superiores de consciencia.

Estas observaciones proporcionan indicaciones sobre el lugar del mundo físico dentro del cosmos y pueden ser de utilidad para los científicos en su intento de desarrollar un modelo adecuado del universo.

Las anteriores observaciones pueden resultar más eficaces que el así llamado principio antrópico.[76] De hecho, bien pudieran reemplazarlo. La comunidad científica ha construido el principio antrópico como un método para abordar cuestiones como:

> ¿Por qué son las condiciones de la Tierra justo las adecuadas para que existan seres conscientes como los humanos?

Según el modelo antrópico la respuesta sería:

> Si las condiciones no fueran justo las adecuadas, no estaríamos aquí para formular esa pregunta.

Es bastante desconcertante ver que los físicos y cosmólogos consideren de alguna utilidad la retorcida lógica del principio antrópico. Como señaló Roger Penrose: «los teóricos tienden a invocar el principio antrópico cuando no tienen una buena teoría para explicar los hechos observados».[77]

Como indican las anteriores observaciones, desde el nivel de la consciencia ordinaria es imposible captar las leyes que operan en niveles superiores de consciencia. El empeño científico tiene lugar en el campo de operación de la facultad intelecto. De acuerdo con la estructura cósmica general, tal empresa está limitada al entendimiento del mundo físico, es decir, la zona más inferior del campo de consciencia. Por tanto, ese enfoque es ineficaz para intentar alcanzar zonas de cons-

---

[76] El principio antrópico es un supuesto filosófico en el que los humanos tienen un papel privilegiado en un universo autoconsistente. Este supuesto excluye la existencia de cualquier forma de consciencia más elevada.

[77] *The Emperor's New Mind*, Roger Penrose, pág. 433 (ver nota 6).

ciencia más elevadas. El intelecto es una herramienta demasiado tosca para captar lo intrínseco del macrocosmos. Es decir, las actividades científicas nunca lograrán formular la «mente de Dios». Sin embargo, esforzándose (involuntariamente) por alcanzar el mundo de los símbolos, los científicos mejoran continuamente el modelo del mundo físico. De este modo contribuyen al desarrollo de tecnologías esenciales para mantener la presencia de la humanidad en el planeta.

A medida que la ciencia descubre nuevas leyes, también incorpora nuevos términos, expresiones y conceptos. El nuevo vocabulario técnico y científico permite describir más adecuadamente los mundos invisibles. De esta manera indirecta la ciencia contribuye a entender mejor las posibilidades asociadas con estados elevados de consciencia.

Aprovechando los datos místicos, los científicos podrían navegar más eficazmente por los retos a los que se enfrenta actualmente la humanidad. Por ejemplo, los datos místicos disponibles pueden ayudar a elegir el enfoque más prometedor: ¿es más provechoso trabajar en el desarrollo de la teoría de todo, o sería más beneficioso para la humanidad estudiar primero el vínculo entre la consciencia y la materia oscura? ¿Es más valioso buscar exoplanetas habitables o sería más ventajoso investigar el efecto sobre la cognición humana de una larga presencia en el espacio? ¿Es mejor para la humanidad invertir recursos en busca de rastros de vida en el universo o trabajar por la preservación de la humanidad investigando el efecto del entorno natural en la consciencia humana?

Existe un precedente histórico de una relación de este tipo entre enfoques diferentes, como la ciencia y el misticismo. Se trataba de la filosofía y la ciencia. Se ha observado que, hasta el siglo XVIII, se consideraba a los filósofos como las grandes mentes del mundo. Pensaban que todo el conocimiento humano era campo exclusivo suyo. Pero en algún punto los filósofos ignoraron un elemento crítico de sus investigaciones: los experimentos. Juzgaban que cualquier clase de datos experimentales eran inferiores al pensamiento puramente especulativo que usaban como método principal para sacar conclusiones. Sin embargo, intentar responder a la pregunta «¿por qué estamos aquí?» empleando la lógica y el intelecto es tan imposible como concebir una idea de la existencia de numerosas galaxias sin un telescopio y observaciones astrofísicas. Por eso, en algún momento, los filósofos dejaron de captar los avances que estaban teniendo lugar en la ciencia.

Estos avances estaban impulsados por un enorme conjunto de datos experimentales provenientes de las observaciones y la creación de modelos matemáticos, actividades que los filósofos ignoraron. En consecuencia, como afirmó Ludwig Wittgenstein, uno de los filósofos más influyentes del siglo XX, la amplitud de sus investigaciones se redujo tanto que «la única tarea que le queda a la filosofía es el análisis del lenguaje».[78]

Parece que ahora los físicos teóricos se encuentran en una situación similar a la de los filósofos del siglo XVIII. Como casi han llegado al límite de las energías disponibles en sus laboratorios, su contribución se está reduciendo gradualmente a generar términos nuevos y conceptos abstractos. Si continúan ignorando la gran cantidad de datos experimentales suministrados por los místicos, los físicos teóricos se aislarán de

---

[78] Citado por Stephen Hawking en *A Brief History of Time*, pág. 174 (ver nota 5).

un cúmulo de información relevante. Su actividad futura declinará mucho y puede convertirse en el equivalente de jugadores de videojuegos jugando con modelos multidimensionales y objetos geométricos, una actividad fascinante pero carente de importancia para el desarrollo.

Mientras tanto, la humanidad no puede esperar a que la ciencia determine qué hay en la «mente de Dios». Independientemente de los éxitos o fracasos de la ciencia, la humanidad debe cumplir con su función de participante activa en el proceso de creación.

TROUBADOUR PUBLICATIONS

A Journey with Omar Khayaam, W. Jamroz (2018)

Shakespeare's Elephant in Darkest England, W. Jamroz (2016)

El elefante de Shakespeare, W. Jamroz (2016) (*in Spanish*)

Shakespeare's Sequel to Rumi's Teaching, W. Jamroz (2015)

Shakespeare's Sonnets or How heavy do I journey on the way, W. Jamroz (2014)

Shakespeare for the Seeker, Volume 4, W. Jamroz (2013)

Shakespeare for the Seeker, Volume 3, W. Jamroz (2013)

Shakespeare for the Seeker, Volume 2, W. Jamroz (2013)

Shakespeare for the Seeker, Volume 1, W. Jamroz (2012)

www.ingramcontent.com/pod-product-compliance
Lightning Source LLC
LaVergne TN
LVHW041333080426
835512LV00006B/432